踏ん張るボウリング場

―プレナ魂 被災地・石巻に希望の灯―

鈴木 孝也

表紙の絵は石ノ森萬画館（上）とプレナミヤギの高橋芳昭社長

はじめに

次々と押し寄せる逆境の波に負けないで、前を向き続けるボウリング場に対し、業界をはじめ各方面から驚きと羨望《せんぼう》の眼差《まなざ》しが向けられている。

宮城県の北東部に位置する県下第2の都市・石巻市。県都であり東北地方最大の都市である仙台市から車で約1時間の港町である。中心部を流れる大河・旧北上川に架かる石巻大橋から東方へ目を向けると、カラフルな高い看板上に大きなボウリングのピンが目に飛び込んでくる。景勝地・牡鹿半島や女川町を結ぶ牧山トンネル出入り口付近の交差点脇に立つ、石巻地方唯一のボウリング場「プレナミヤギ」である。

一見、ほかのボウリング場と比べても何ら変わらない造りだが、未曾有の災害をもたらした東日本大震災（地震の規模を表すマグニチュード9・0、最大震度7）の大津波や、台風の大雨による浸水に度々襲われ、甚大な被害を受けた。会社の最大危機に世界的規模の新型コロナウイルス禍が追い打ちをかける。しかし、その都度、踏ん張って障害を乗り越えてきた。

29年前、事業に行き詰まり廃業した別の会社の施設を買い取り、再オープンして軌道に乗せたセンターでもある。運営の難しさにあえぐ会社が多い業界に身を置きながら、常にピンチをチャンスに変えて前進する一地方の不屈のボウリング場。背景に「お客さん第一」と「地道に歩む」という一貫した社長の理念とスタッフの熱意があり、そこには業界全体が参考にすべき経営のヒントが潜んでいる。相次ぐ苦難の道を振り返りながら「プレナ魂」の実像に焦点を当てた。

目次

第1章　業界に新規参入

ボウリング場経営に確信

施設買い取り宅地構想

不動産業を営む「宮城開発株式会社」の高橋芳昭代表取締役（73）＝以下、肩書は社長＝がまだ46歳の時で、社長就任前の取締役だった時代の1993（平成5）年2月のことである。かつてニュータウンとして造成された宮城県石巻市向陽町の会社事務所で、ある会社の数年分の決算書を何度も読み返し、思案に暮れた。おもむろに椅子《いす》を立ち上がると、フウっと大きな息を吐いて納得した表情を見せ、決断を下した。〈よし、これならこのまま施設を残した状態で何とか経営をやっていける〉。当時社長で父親の芳助さん（故人）からもゴーサインをもらった。

ある会社とは、石巻市内の鉄工業者が同市不動町の牧山トンネル付近で営業していた総合レジャーセンター「ジョイフル」のことである。ボウリング場やアイススケート場、ゴルフ練習場などの総合スポーツランドとして市民から親しまれていた。開業した196

6（昭和41）年から「石巻スポーツセンター」の社名でスケート場だけを経営。1975年からはジョイフルの名前に変更して業務を拡大。新たにボウリング場などを加えた。ボウリング業界にやや陰りが見えてきた頃とはいえ、全国ではまだ流行に沸き立っていた時代である。

しかし、経済の落ち込みと多角経営が裏目に出て廃業に陥った。宮城開発とジョイフルは経営者同士が古くからの知人だったこともあって、譲渡を持ち掛けられた宮城開発が、軽量鉄骨平屋建てで棟続きのボウリング場とスケート場に限って営業権ごと買収。敷地面積は計2000坪近く（6400平方メートル）、建物面積が1300坪余り（4300平方メートル）に及び、4億円を投入して引き取ったのだ。

高橋社長は仙台市内の大学を卒業後、漁業用ロープや漁網、鯨関連製品などを扱う「泰《たい》東《とう》製綱」（東京）に就職した。20年たってから「そろそろ帰ってほしい」との父親の意を受けて、いずれ跡を継ぐことになっていた宮城開発に入社。その3年後にはジョイフルとの売買交渉や跡地の利用計画を任せられた。業務の一部門として住宅建設にも関わっていたため、当初、ボウリング場とスケート場は解体し、宅地に充てるつもりでいた。それを聞いたボウリング場の常連客や少年アイスホッケークラブの子供と保護者、さらには「活気あるまちづくりに2つの施設はどうしても欠かせない」として、地元の市議会議員らからも施設存続の強い要望を受けた。

市民の存続要望を優先

公益社団法人・日本ボウリング場協会（東京）によると、全国のボウリング場数は1972年の3697カ所をピークに減少し始めた。これはブームに乗った施設の乱立やオイルショックに伴う経済不況に加え、余暇の多様性が拍車をかけたのが主な理由である。

その後、1970年代後半から90年代後半にかけて、反省を踏まえた過当競争の解消や料金の引き下げ、併設するゲームコーナーへの人気ゲーム機の設置、さらにはスコアの計算を面倒な手書きから、オートマチックスコアラー（自動式集計機）に替えて普及させたことなどが功を奏し、1000カ所台を保つ安定期に入った。ジョイフルから買い受けた1993年も約1100カ所を数えた。

それでもピーク時の3分の1程度にすぎず、経営の不安要素は拭《ぬぐ》い切れない。石巻市内に目を移しても、かつて7カ所も開業し、どこも客で賑わいを見せていたのが2カ所だけになっていた（現在はプレナミヤギ1カ所）。プレーに2、3時間待ちという右肩上がりの成長期はとっくに過ぎていた。

しかも、宮城開発にとってサービス・レジャー産業への進出は初めての経験である。ボウリング場とアイススケート場の継続に対し、社内や経営者仲間の間から出た賛否両論の声に悩み抜いた末、〈楽しみや夢を無くさないでほしいという大勢の市民の声は無視できない〉と、「市民優先」の思いに大きく傾いた。ジョイフルの周辺には、1960年代から70年代にかけて市民会館や市民プール、働く女性のための学習施設など、人が集まりやすい公共施設が相次いでオープンしており、本来なら集客の相乗効果が期待される場所でもあったのだ。

最終的には、ジョイフルの業務実績と建物や設備の状況、修繕コストなどを見極めながら、今後の展望を詳細に調査したうえで導き出した結論が施設の継続だった。〈やりようによっては、このままの状態で活用していくことが不可能ではない実績である。石巻は人口の割にボウリング場が少ない環境などを勘案すれば採算上、これからもできる〉。市内のボウリング場が減少していく状況を逆手に取り、自分ならできるという確信を持つに至った。

一方で、その方針が前向きとはいえ、〈心配していないといえば嘘《うそ》になる〉というのが偽《いつわ》らざる心境であった。全国的に明るい将来が見いだせないままの業種を続けることは、賭けに近いようなもので、大変勇気のいる重い決断だったのだ。

温和な容貌に似合わず、重要な局面に立つと、いつも攻めに徹する経営者らしい厳しい一面をのぞかせる。自らを評して「長所はすぐ実行すること。前へ進むのみだね。短所は気が短いこと。いのしし年生まれだから」と、はにかむ。

レーン増やし利便性向上

施設は改装してイメージを一新した。ジョイフルだった譲渡前の店名使用には多額の命名権料がかかるため、プレナミヤギの名前に変更。不動産業とは異色分野のボウリング場とスケート場の継続を決定して５カ月後の１９９３年７月に「株式会社プレナミヤギ」（以下プレナ）として新たなスタートを切った。

オープニングの式典には「さわやか　りつこさん」の愛称で人気を呼び、ボウリングブームを巻き起こした立役者の一人である女子プロボウラー１期生・中山律子プロも駆け付け、花を添えた。「ボウリング場を消さずに守ってくれたプレナさんに感謝します。石巻の皆さん、何歳になっても、この場でプレーを楽しんでください」と爽《さわ》やかにあいさつ。開業２年後の１９９５年に父の後を継いでプレナとその運営会社・宮城開発両社のトップの座に就いた高橋社長にとって、中山プロのそのシーンがプレナ史の中でも記憶に残

ボウリング場とアイススケート場、小ホールなどを備えるプレナミヤギの建物

る出来事の一つになっており、心の支えにしている。

プレナがスタートを切った2カ月前、日本のスポーツ界ではサッカーのJリーグが華々しく誕生した記念すべき年でもあった。

プレナ（Plena）とは、人工的国際語のエスペラントで「満ち足りた」「物がいっぱい詰まった」「空間の集合体」などの意味を持つ。文字通り、開放的な空間で盛りだくさんのサービスを満喫しながら、楽しんでもらおうという願いを込めて名付けた。「知人らがアイデアを出し合って、その中から選んだ。今でも傑作と思っている」と社（店）名を誇りにしている。

高橋社長は水産都市の地元石巻出身で、しかも以前勤めていた会社の親会社・大洋漁業（現マルハニチロ＝東京）が、捕鯨基地として知られる宮城県牡鹿町（現石巻市）の鮎川浜にも事務所を構えていたことから、同漁業の関係者や水産業界の有力者との付き合いが深い。人とのつながりが業務をPRするうえで最も役立った。

経営理念は「常にお客様の立場に立って行動する」こと。施設内の見直しで最初に取り組んだのが、利用客の利便性を図ることであった。従来から〈大きな大会への対応や、ゆったりとした気持ちでプレーを楽しんでもらうためにはレーン数が足りない〉と感じていたため、20あったレーンを増やすことにした。

市内にあるもう一軒の同業者「石巻フジボウル」が閉鎖されることを聞きつけると早速動きだし、運営会社の「藤崎百貨店」（仙台市）に「機械の一部を譲ってほしい」と掛け合った。その結果、すぐに快諾を得たことから、増設が最大限可能な広さの4レーンを追加、現在の24レーン体制にしたのだ。その際、併設していた卓球とビリヤードのコーナーは、利用客が絶えなかったことを勘案してそのまま残し、ゲームコーナーの縮小に踏み切った。増設したのが4レーンだけとはいえ、この素早い対応策は

プレーを楽しむ愛好者たち。レーンはほぼ埋まっている

予想通りの好結果をもたらし、規模の大きな大会やプロボウラーを呼んでの大会も、それまで以上に数をこなせるようになった。

全国のボウリング場における平均のレーン数をみると、高橋社長就任時の1995年がセンター数1102に対し、レーン数3万1479。1センターの平均レーン数が28・5になる。2019（令和元）年はセンター数738に対し、レーン数2万1343。平均レーン数28・9（日本ボウリング場協会調べ）とほぼ同じ推移をたどっている状況が分かる。プレナのレーン数は全国平均より少ないとはいっても、それに近い数字を示しているのだ。

経営理念に沿って、もう一つ力を入れたのがスタッフへの教育だ。かつてボウリング場が過密化していた時代、業界内では客への挨拶《あいさつ》をはじめ、さまざまなサービスがおろそかになり、客離れの原因になったことが問題視された。一部には「ボウリングをやらせてやっている」といった、放漫な対応が見られるセンターも存在したという。その事態を十分に把握していただけに「サービス業なので、お客様にはいつも明るく元気良く挨拶するように」と接し方の基本を徹底。教育の一環で接待業のプロを講師に招いて研修会を開くこともあった。

高橋社長は現職の宮城県ボウリング場協会会長を長年にわたり務めているだけではなく、東日本大震災が起きる前年の２０１０年まで10年間にわたり、日本ボウリング場協会理事の要職に就任。この間、副会長を６年間務めるなど、業界に大きく貢献していることから、プレナの名は全国に知られるようになった。

宮城県石巻市とプレナミヤギの位置

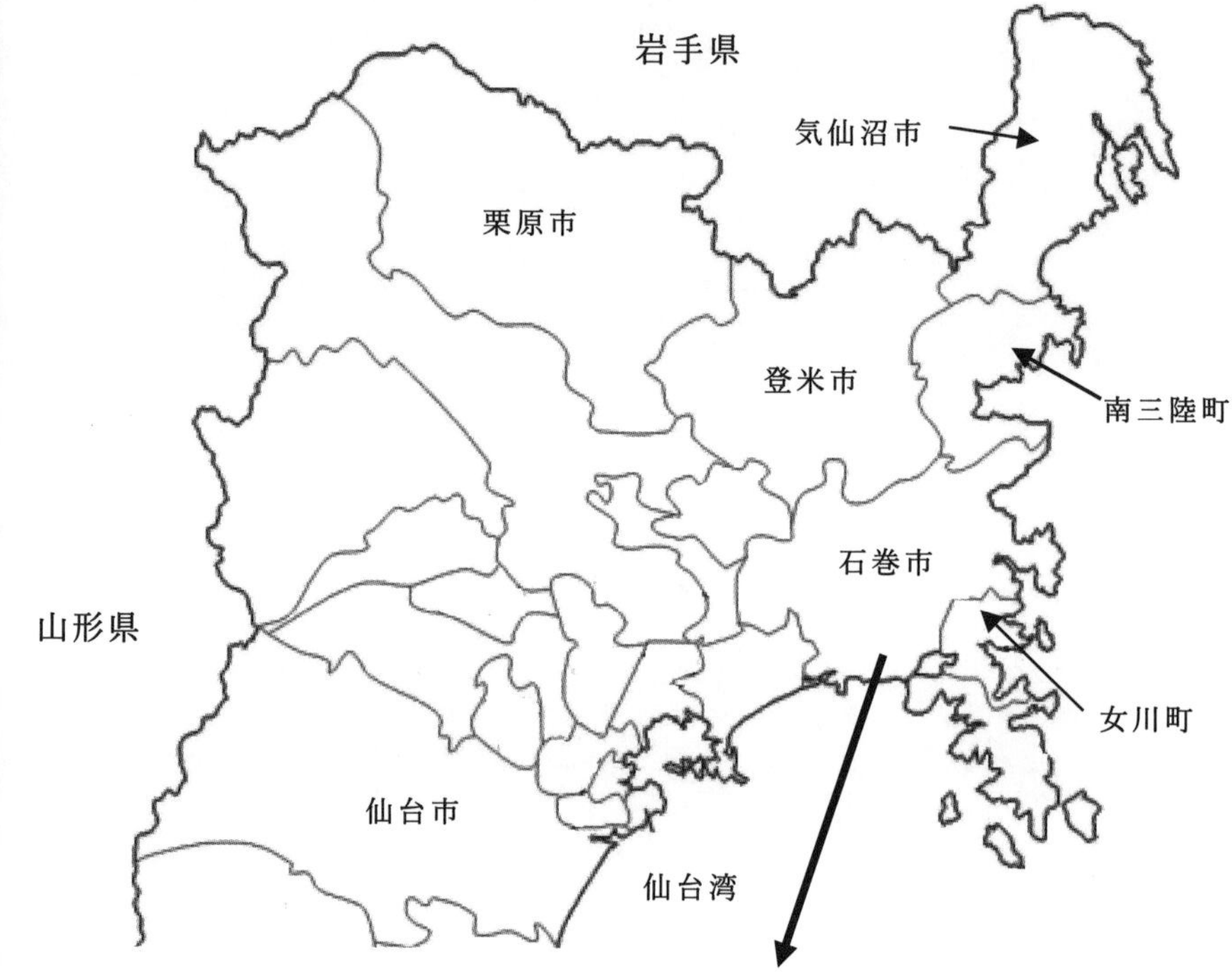

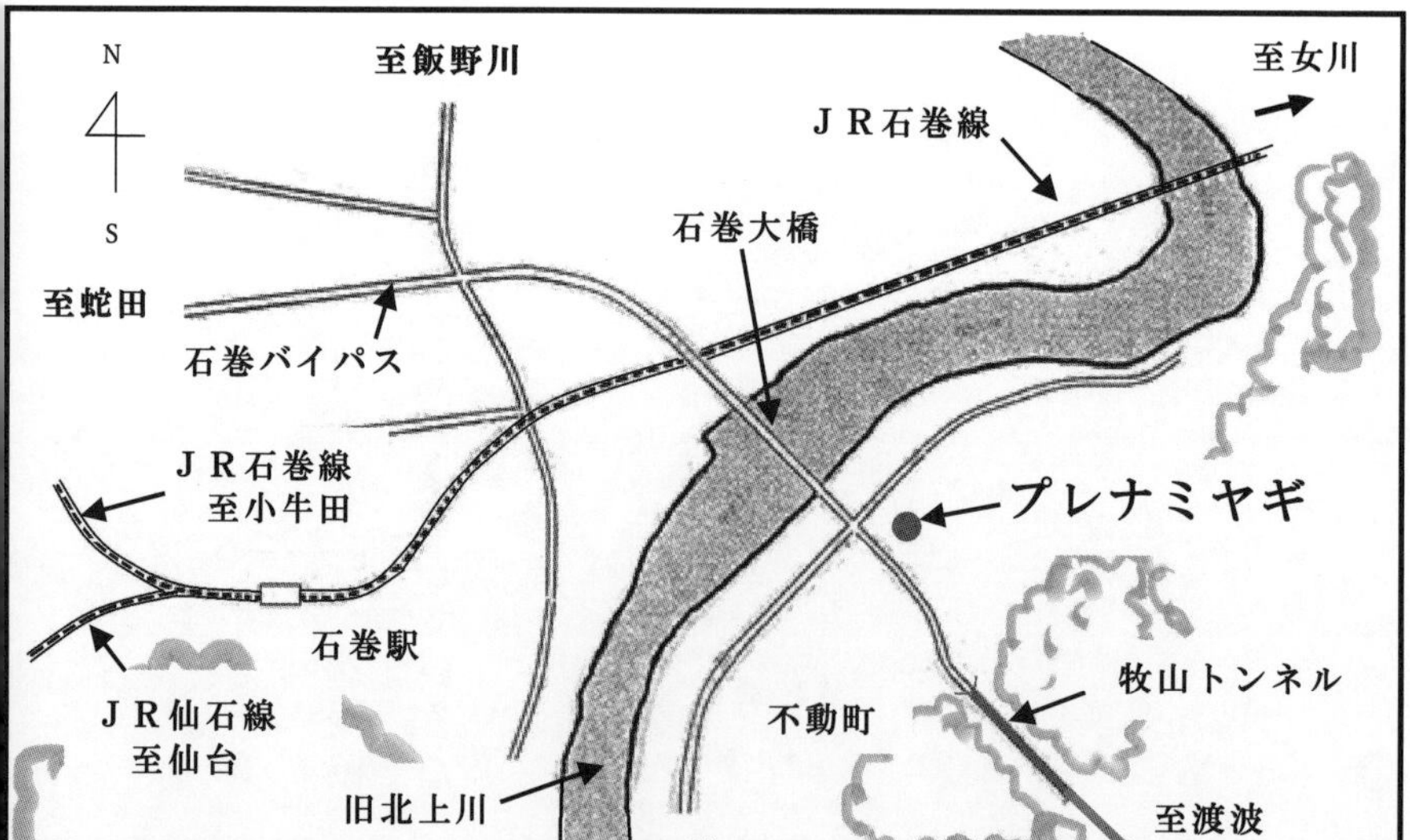

第2章　東日本大震災

大津波、川を遡上し施設襲う

施設の改善やイベントの開催、接客対応の充実など数々の積極策が実って、10数年の間は読み通りの順風満帆な経営が続いた。ところが、プレナ開業に伴う銀行への借入返済も終わろうとしていた矢先、思わぬ大きな試練が待ち受けていた。2011年3月11日に発生したあの東日本大震災である。

国内観測史上最大の巨大地震、大津波、津波火災、そして東京電力福島第1原子力発電所の事故。複合災害で被害は拡大し、死者（関連死を含む）、行方不明者は岩手、宮城、福島3県を中心に全国で2万2198人に上った（警察庁調べ）。福島県では放射線量が極めて高い地域を対象にした住民の帰還困難区域が、事故発生から10年が経過しても7市町村にまたがる337平方キロの広いエリアで続く。内閣府によると、同区域には2万1675人が住民登録している。さらには原発にたまった処理水の海洋放出計画と、それに伴う食品の風評被害問題などに悩まされている。

震源地（三陸沖）に最も近い石巻市は震度6強を観測。宮城県などの調査によると、同市内で最大浸水高11・5メートル、建物の全・半・一部損壊が5万3041棟、死者・行方不明者は合わせて3971人、避難者はピーク時で5万人を超えるなど各市町村の中で最も大きな被災地となった。

石巻市は「平成の大合併」により1市6町が一緒になって誕生した。面積は広くなり、戸数・人口が増加。海沿いに街並みや集落を形成している土地が目立ち、その多くが壊滅的な被害を受けた。震災直前に約16万人いた人口は流出が進み、10年後には13万8000人台に大幅減少した（2021年2月1日現在）。

避難誘導し人的被害免れる

震災発生時、高橋社長は仙台市内で開かれた業界の会議を終え、駐車場へ移動する際に大地震に遭った。午後2時46分、経験したことのない、突き上げるような激しい揺れに地べたにしゃがみこみ、しばらく立ち上がれなかった。〈これは尋常ではない〉。恐怖心を覚えた。当時、既に宮城県内では30年以内に99パーセントの極めて高い確率で宮城県沖地震（1978年6月12日発生、マグニチュード7・4）クラスの巨大地震が起きると予想されていた。とっさに思った。〈ついに宮城県沖地震の襲来か〉と。

携帯電話はまだつながっていた。プレナのスタッフに「客を速やかに避難させ、後は自らが現場の状況に応じて的確に行動するように」と指示。幸い、地震では客も従業員も無事で、建物にも大きな被害がないこと知り、胸をなで下ろした。

この時、ボウリング場には15人の客がプレーを楽しんでいた。阿部信貴支配人（48）らは揺れが収まるのを待ち全員を外に誘導し、そのまま帰宅してもらった。スタッフも場内の状況を確認してから早々に帰路に就いた。

高橋社長は仙台を離れ石巻へ向かおうと、同行していた取締役で妻の京子さん（71）を乗せて急ぎ車を走らせたところ、カーラジオからは「大津波警報発令」の速報が流れだした。間もなくして「宮城県沿岸に高さ6メートル以上の津波が来ます」「女川町で高さ10メートルの津波です」「仙台市若林区の荒浜地区で200人から300人の遺体という情報があります」などとアナウンサーの緊迫した声が次々と耳に入り、不安が一気に増幅した。

旧北上川左岸にあるプレナは河口から2・8キロ、川岸から約50メートルしか離れていない。高い堤防も築かれていない。しかしながら、この段階では高い黒い壁のようになって襲って来た津波が太平洋から川を遡上し、最悪の事態を引き起こすことは全く予期していなかった。

石巻につながる高速の三陸沿岸道は被害状況を点検するため、通行禁止の規制が敷かれていた。海岸線の国道45号を避け、内陸部の県道に迂回《うかい》。〈早く戻らなければ〉。気持ちは焦る一方だが、大渋滞に巻き込まれ、通常なら1時間程度の道のりを5時間以上も要して、やっと宮城開発の事務所にたどり着いた。厚く垂れこめた鈍色《にびいろ》の雲に覆われていたまちはすっかり暗闇となり、不気味なほどの静けさであった。

同事務所は海岸から5キロほどの内陸に構えていたため、津波の被害は受けなかった。そこからプレナへ向かおうとしたが、通過しなければならない市街地が冠水しており、行く手を阻《はば》まれた。多くの建物が川の堤防を越えた津波や側溝から溢《あふ》れた水に漬かっている状況を目の当たりにして、初めて事の重大さを知ることになった。

ヘドロに埋まり水圧で歪む

事務所近くにある自宅に帰る途中、1カ所、明かりが灯《とも》っていた。国土交通省の北上川下流河川事務所で、行き場を無くした大勢の市民が身を寄せていた。「家の中は地震で物が倒れ、足の踏み場もないだろうし、通信手段も遮断されているから、ここに泊り情報を得よう」と京子さんとその日の行動を確認。避難者の中には知り合いも多く見られ、同じように自宅や勤め先に戻れないのだという。

いつもなら春の足音が次第に近付いて来る時季なのに、その夜は真冬のような寒さが体に染みた。廊下から窓越しに外を見ると、降り続いていた雪はようやくやみ、頭上には満天の星が輝いていた。美しい夜空に感動する心の余裕は全く持てない。

「海沿いの南浜町・門脇地区が津波と火災により壊滅状態となり、門脇小学校も全焼」。その晩、初めて入ってきた知らせに大きな衝撃を受けた。「住民や小学校の子供たちは大丈夫なのだろうか」。その後も時間がたつにつれて次々と明らかになっていく被害状況に言葉を失った。何百人、何千人もの市民が茫然自失《ぼうぜんじしつ》の体《てい》でいることを思い浮かべると胸が痛み、震えた。スタッフとは連絡がつかず、街の水も引かないことから、翌日からも同河川事務所で避難生活を送るしかなかった。

　プレナの様子を見ることができたのは、それから4日目のこと。瓦礫《がれき》をかき分けながら歩くこと1時間半。やっとの思いで近くて遠い目的地に着いた。停電したままの薄暗い場内に入った途端、眼前に広がる惨状に愕然《がくぜん》とし、しばし立ち尽くした。大地震の後、すぐに避難したお陰で客やスタッフに被害はなかったものの、ハウスボールなど大量の各種用具類が四方八方に散乱。レーンはヘドロでびっしり埋まり、重さ300キロの床板は水圧で歪《ゆが》み浮き上がっていた。壁には床上1・7メートルほどの浸水跡が残され、ボウリング場の形態を全く

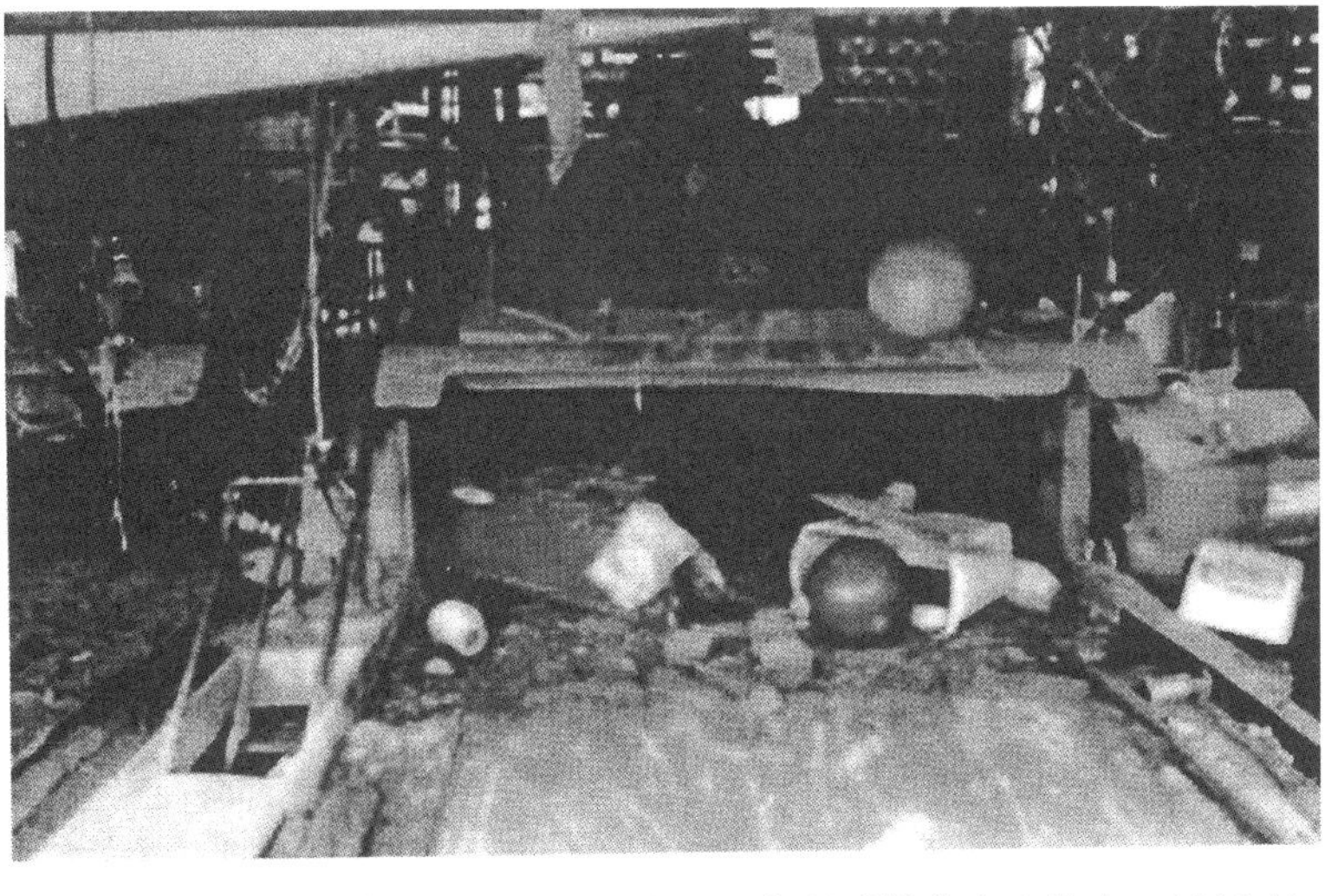

レーンはヘドロで埋まり、ボールやピンなどが散乱する場内＝2011年3月15日

失っていた。次に足を踏み入れたアイススケート場も同様に無残な姿を晒《さら》け出していた。（北上川下流河川事務所によると、石巻市の追波湾に流れる新北上川では、河口から48キロもの上流の岩手県境で津波による水位の変化が見られた。川を逆流した津波の凄《すさ》まじさを裏付ける）

災禍乗り越え、再興へ加速

全社一丸の闘いスタート

〈どうしよう。再興には膨大なお金がかかる。いっそのこと更地《さらち》にして再開発でもしようか〉。ボウリング場とスケート場の存続を諦《あきら》めかけたその時、かつて両施設を前経営者から引き継ぎ、新生プレナとして開場させたあの時の高い志がよみがえってきた。そして、プレーに興じながらハイタッチする利用客の高らかな声と、弾ける笑顔が頭に浮かんできた。

そのような中、災禍に見舞われた人たちのことも忘れなかった。〈そうだ、津波で大切な人を失い、悲しんでいる人が大勢いるのに…。私がこれで折れちゃいけない。従業員の生活を守る責任もあるじゃないか〉。不幸中の幸いで、全壊とはいっても建物の外枠や天井をはじめ構造自体、改修すればまだ使える状態だった。営業の再開を決意すると、背筋がピンと伸びた。

間もなく石巻在住の社員の自宅を直接訪問し安否を確認。さらに1週間ほど経過してからアルバイトを含む全スタッフ8人の身の安全を確かめたうえで、「プレナを再開しようと考えている」と電話で伝えた。するとみんなから即座に「そうしたいです」「そうしましょう」と弾んだ声が返ってきた。その反応にうれしくて思わず涙が浮かんだ。津波で被災した利用客からも「またボウリングをやりたいので、早く営業してほしい」と背中を押された。

スタッフたちの中には、壊滅的な石巻の状況とプレナの大きな被害に〈このまま閉鎖されるのだろう〉と、新たな職を探そうとしていた人もいたほど。それだけに社長の思いがけない決断に奮い立ち、即答を促進させたのであった。再起へ向けた考えの一致が全社一丸の闘いが始まった瞬間だ。

目標が定まると再建計画を策定し、早期再開への動きを加速させた。現場責任者の阿部支配人は仙台市泉区に居を構える。車の燃料不足で身動きが取れず、やきもきしていたが、どうにかガソリンスタンドで調達して合流できたのは10日後のこと。それからしばらくの間、通勤に普段の倍以上に当たる往復5時間も要し、体力的にもきつかった。

しかし、〈働き続けられるだけでも助かる。泣き言など言っていられない。オレにはこ

高橋芳昭社長。レーンの中央には「つながれ みんなの心 がんばろう！石巻」の標語が掲示されている

の仕事しかないよ〉と自らに言い聞かせる。学生時代からアルバイトで働いていた仙台市内のボウリング場にそのまま就職。そこが閉鎖されたため、プレナに勤め始めたというボウリング場勤務一筋の経歴を持つことから、慣れた仕事場の再開方針は一層ありがたかったのだ。

復旧作業を進めるうえで大きな障壁となったのが大量のヘドロの除去で、停電と断水が作業を一層困難にした。電気が復旧するまでの1カ月間は、新たに購入した自家発電機がフル回転。スタッフや土建業者のほか、全国から駆け付けたボランティアがスコップや一輪車を使い人海戦術を展開した。レーンの上下や駐車場にたまった大量の泥《どろ》をかき出し、重いレーンを分割して運び出したり、ビリヤード台やゲーム機、自動販売機などを撤去したりした。ボランティアは延べ600人を数えた。

ごみの量はトラック200台分。その処理だけで2カ月余もかかった。ピンをセットする、レーン裏側のピンスポッターをはじめとする機械設備もダメージを受け、当初予定した夏休み前の再開は諦めざるを得なかった。

不運は続いた。震災から半年後の2011年9月21日、東北地方を縦断した台風15号の豪雨により、張り替え工事が始まって間もない新しいレーンと、ボールリターン設備の一部が浸水被害に遭ったのだ。

〈またか。いいかげんにしてほしい〉。さすがに社長とスタッフたちはどこにもぶつけようのない怒りを顔に表したが、すぐさま気を取り戻した。「ここまで来たのだ。心地良いピンの音や、お客さんの歓声を聞くまではやめられないぞ」と声を掛け合い、その後も大掛かりな復旧作業に汗を流した。

新調して間もないレーンとピンスポッターは修理、調整にとどめ、椅子の一部を県内の「気仙沼さくらボウル」（気仙沼市）と前年に閉鎖した四国のボウリング場から譲り受けた。さらにゲーム機を減らし、幼児が遊べるコーナーを新たに設置。建物の外観と内装の色は7色のレインボーカラーに統一した。復興に向けて頑張る決意を希望の象徴である虹に込めたのである。まさにプレナの意気込みが伝わってくる。

待ちわびた人の行列に感慨

仕上げが整ったところで２０１１年10月17日、待望のリニューアルオープンにこぎ着けた。震災から７カ月余が経過していた。当日は無料開放にした。〈まだ大変な状況の中、遊びに来てくれる人がいるのだろうか。レジャー施設を開いて叱られないだろうか〉。阿部支配人の心配は、開場１時間前の入り口で再開を待ちわびた市民約１００人の行列を目にすると一瞬に吹き飛び、しばし感慨に浸った。

その日、末永智裕副支配（42）も同じ気持ちであった。震災後間もない再開の方針決定にホッとした半面、復旧作業を続けながら、常に疑問に思っていたことがあった。〈再開したところで、苦しんでいる被災者にとって何の意味があるのだろうか〉。しかし、再開初日に訪れた地域の人たちの笑顔に、〈やってきたことに間違いはなかったのだ〉と、それまでのモヤモヤが拭い去られた。そして、〈多くの人に支えられて、きょうに至った。恩返しの意味でも、プレナを一層楽しい場所にしなければ〉と心に誓った。

開場式で高橋社長は感無量の様子だった。真新しいボウリング場を見渡しながら、「皆さんの助けがなければ、再開はもっともっと遅れただろう」とボランティアや市民の後押しに謝意を示した。続けて「まちの復興の一助になればと願い、邁進《まいしん》してきた。これからも愛されるセンターを目指す」と力強く挨拶して始球式を行うと、場内からは「よく頑張った」と声援と拍手が送られた。この日は、大人に交じって子供たちの姿も目立った。屋外運動場や公園などに被災者用の仮設住宅が立ち並び、貴重な遊び場を失っていただけに、久々に時間がたつのも忘れて、ボールを手に体を動かしていた。アイススケート場も1カ月半後の12月に再開し、辛うじてシーズンに間に合った。

見事に再生を遂げたものの、設備に対する震災の影響はその後も生じた。2015年夏には機械の中枢に当たるピンスポッターに不具合が目立つようになり、ゲームが中断し、利用客に迷惑を掛けることもしばしばだった。一度海水に漬かると、修理を重ねても正常な稼働が難しくなるというのだ。「津波さえ来なければ、あと20年ぐらいは使える機材なのに…」。それでも悔やんではいられない。「快適な環境でのプレー」を信条とするプレナだけに、全て新調する計画を立て、営業を継続しながら翌年8月から12レーンずつ2期に分けて取り換え工事を実施。9月には完成させ不便な状態を早期に解消した。

起爆剤に承認トーナメント

客足は徐々に回復傾向を見せた。だが、まだまだ経営に不安な要素が強い現状に危機感を抱く高橋社長は「集客の起爆剤となるような何かがほしい」とスタッフに持ち掛けた。話し合いの結果、「プロボウラーを招聘《しょうへい》した大会をもっと充実させよう」との妙案が出された。そして、それまで継続してきた、1人か2人程度のプロが参加し地元の愛好者と交流する「プロチャレンジ」に加え新たに、宣伝効果が大きい「承認大会」の実施を決めたのだ。

承認大会とは公益社団法人・日本プロボウリング協会（東京）が承認するもので、6人以上のプロボウラーが出場し賞金を争う。ワンランク上の「公認大会」と違って、各プロのポイントや賞金、アベレージ、パーフェクト（300点）などの成績は公式登録されないが、ファンを満喫させるにはうってつけの企画である。

大会の名称は「石巻プレナミヤギ　プロアマトーナメント」とした。記念すべき第1回は2018年6月に開催。女子プロ8人が出場して競い合った結果、優勝は小林あゆみプロ、準優勝が川崎由意プロだった。翌年6月の第2回は出場者が女子プロ11人に増え、

第２回プレナミヤギ　プロアマトーナメントに出場した女子プロのメンバー

優勝に山田幸プロ、準優勝に寺下智香プロが輝いた。いずれの大会も前日祭では大勢のファンを交え、和やかな雰囲気でプレーを楽しんだ。賞金が懸かる２日目の本大会はムードが一変。上位を目指し真剣勝負でゲームを繰り広げた。

　各種公式大会やＢＳ日テレの番組「ボウリング革命Ｐリーグ」などでもおなじみの華やかな選手ばかりとあって、会場は県内外の愛好者らで埋まり、プロの妙技に大きな拍手と喚声が起きた。表彰式で入賞者に賞金を手渡した高橋社長は主催大会の成功を喜び、出場者や観客に同大会の継続を約束した。

〈町の元気な姿を発信していくことが、生かされたプレナの使命だ〉。改めて目指す方向を胸にしっかりと刻んだトーナメントでもあった。

第3章　豪雨と新型コロナウイルス

繰り返される浸水被害

記録的大雨、1万棟水浸し

2019（令和元）年10月13日朝、早番で出勤しようとしたスタッフの遠藤あさみさん（33）は、いつものようにマイカーで通勤路の牧山トンネル東側入り口に差し掛かった時、車両の流れに異変を感じた。ひどい交通渋滞となり、前方の車は我慢しきれずに、次々とUターンを始めている。冠水のため通行規制が敷かれていたためだ。やっとトンネルを抜けてから取りあえず、交通に支障のない場所を探して車を止め、歩いて近くのプレナへ急いだ。

「エーッ、嘘でしょう！」。水浸しの駐車場と建物内にわが目を疑った。震災後、まちの復旧・復興の進捗《しんちょく》とともに客足も次第に落ち着きを見せ、望みが膨らんだタイミングで、またしても大きな浸水被害に遭ったのだ。

同12日から13日にかけて宮城県内に急接近した台風19号により、石巻市は急激に風雨が強まった。仙台管区気象台によると、瞬間最大風速が34・2メートル、雨量は200ミリを優に超え、市内沿岸北部では367ミリを記録。平年の10月1カ月間の2倍から3倍に達した。

強風と豪雨により、県内では河川の氾濫《はんらん》や土砂崩れが多発。県によると死者19人、重軽傷者63人を数え、石巻市でも死者3人、重軽傷者8人という痛ましい人的被害が出た。同市内では住宅被害も相次ぎ、床上・床下浸水合わせて9700棟に及び、県内最多となった。建物の損壊は600棟を超えた。震災後に整備された災害公営住宅（復興住宅）や自力再建住

豪雨で冠水した駐車場周辺。そばを走る幹線道路との区別もできないほどの雨量だった＝2019年10月13日

宅など、被災者の移転先も多数被害を受け、「またか」と住民らは不安と排水対策への不満を募らせた。

プレナ周辺の道路も車が通れなくなった。遠藤さんは震災後の2013年11月からプレナに勤務。同所の水害を目の当たりにしたのはこの日が初めてであり、その現実を受け入れ難かった。

高校生の時分、友人の父親にボウリングの手ほどきを受けてから、趣味として続けるようになった、れっきとした競技志向のアマチュアボウラーである。卒業後、石巻市、東松島市、女川町で構成する石巻広域消防本部の防火指導員（雇用契約職員）として働き、週1回は夜間にプレナの「トリオリーグ戦」で投げた。防火指導員の契約期限が終了に近付いていたこともあって、プレナに同社員の薦めで入社。子育てなど家庭の事情でパート従業員として働きだしたが、「遠藤と投げようと」と銘打った、プロチャレンジならぬスタッフチャレンジを開催し、会員や一般客に楽しんでもらう役割を担う重要な存在になった。その後、仕事の忙しさが増したことから、スタッフチャレンジもリーグ戦への参加も中断した。

10代の若さで通い始めたプレナは心の拠《よ》りどころでもある。それだけに、水害のショックは大きく、次第にその先の不安が脳裏を渦巻いていった。

不屈の精神、再び

駆け付けた高橋社長は暗い場内を見渡し、肩を落とした。その姿は震災直後と同じである。水は場内の床上約70センチに達し、レーンがまた歪んだほか、高圧電気設備の水没で停電。11月初旬のオープンに向けて張り始めていたスケートリンクの氷は溶けてしまい、両施設とも休業に追い込まれた。東日本大震災の被害を乗り越え、再開してから8年しかたっていない。〈もう70代になる。果たして今度は切り抜けられるだろうか〉。

予測をはるかに超えた冠水被害の原因について石巻市は、市内32カ所に設置する仮設の排水ポンプ85台のうち15台が一時停止したこと明らかにし、住民に陳謝した。プレナの周辺でも17台のうち9台も停止。故障は冠水のため燃料を補充できなかったほか、停電と浸水による漏電で起きたと発表した。

ポンプ機能の停止によって、用水路にたまった大量の雨水が瞬く間に溢れた。被災地区が広範囲に渡った津波の時とは違い、一部に限定された災害だ。〈排水機がしっかり稼働してさえいれば、明らかに被害は防げたはず〉。高橋社長は一層悔しさを滲《にじ》ませた。

その日は看板上の大きなピンが落下するのではと心配するほどの強風と集中豪雨だった。「台風の接近は知っていたわけだから、管理者は事前にポンプ場を点検すべきだったのでは」と市に問題点を挙げ、改善を強く求めた。住民の中には「人災でないのか」と指摘する声もあったほどだが、今後、ポンプ場の整備を図るという行政の方針を信頼し、推移を見守るしかなかった。

不屈の精神はここでも発揮された。「このまま閉鎖されたらどうしよう」と相当落ち込んでいた遠藤さんは、先輩のスタッフたちから「津波の時と比べれば被害は少ない方だから」と慰められ、気を取り直した。「やめるわけにはいかないよ」と士気を高める社長の陣頭指揮の下、すぐさま復旧作業がスタート。まず水を取り除きレーンを調整し、ピンは従来と同じ耐久性が強く、弾ける音がより響くものに一新した。

スケート場も電気設備が復旧した後に製氷を行い、12月1日、約1カ月半ぶりに営業を「再再開」。ボウリング場とスケート場に合わせて250人ほどの客が訪れ、施設の復活を喜び合った。

休業中は女性スタッフも、水が引いた翌日からデッキブラシで掃除を続けたほか、汚れた椅子を取り外して運んだりする毎日であった。プレナの会員に当分の間の休みを告げることも仕事の一つ。電話越しに「またなの」とか「早く復旧させてよ」などという苦情や厳しい言葉も聞かされたが、それも早期再開を願う利用客の強い期待と希望の表れと捉《とら》え、再開に全力を注いだ。震災に続きプレナを2度目の復旧に突き動かしたのは、またしても利用客のボウリングを楽しむ姿であった。

感染対策と覚悟のレーン改修

震災、台風15号、台風19号。これら3度の水害に加え、次に苦境に立たされた大きな局面が新型コロナウイルス感染症の拡大である。宮城県内で初めて感染者が確認された

2020年2月末以降、子供会や高齢者のグループ、会社など団体客のキャンセルが相次いだ。早速、阿部支配人は他のボウリング場と連絡を取り合いながら、感染症対策の情報収集に努めた。3月からは利用客にマスク着用と手指の消毒、検温を呼び掛け、使用するレーンの間隔を空け、1レーン2人まで（その後3人までに）、ボックスごとにアクリル板の仕切りを設置し、常時換気、ハウスボールとレンタルシューズ、椅子の消毒など、可能な限りの防止策は全て施した。

全国の各ボウリング場でのクラスター（集団感染）発生はゼロであったが、プレナでは事前対策として2020年4月11～19日に自主的に営業を自粛。さらに国の緊急事態宣言に伴い同22日～5月6日に再び休業に踏み切らざるを得なかった。

コロナ禍は全国のボウリング場数の減少傾向を一層強めている。同年4月末現在、700カ所を割って682カ所に落ち込んだ。1年間で50カ所も少なくなり、業界にとって大きな危機を迎えている。

「ここを凌げば…」

高橋社長は「台風19号の後、経営が順調に回復してきたところに、今度はコロナウイルスに脅かされるとは…」と悔しがる。内心穏やかでいられるはずがない。しかしながら「ウチは、経営断念の考えは全くない」と言い切り、震災や台風被害時と同様に古里への愛情を貫き通す。〈石巻で一つしかない屋内レジャー施設の灯は消してはならない。被災地だからこそ楽しめる場は欠かせない〉と時間短縮を試みながら営業を再開した。大勢のプロが集まって競い合う承認大会のプロアマトーナメントは中断を強いられたままだが、プレナ内のリーグ戦やアマチュアの各種大会、プロチャレンジなどは規模を縮小し順次復活させていった。

そればかりではない。まるで強い逆風に立ち向かうかのように、2020年6月から1カ月余をかけ、また全レーンを張り替えたのだ。まさに凄まじい執念である。常連客から「ありがたいが、大丈夫なのだろうか」と自分の事のように経営を心配する視線が向けられる中、営業に影響が及ばないようにと、2期に分けて施工した。

震災後に張り替えたレーンは一度台風で水に漬かり、その後補修したとはいえ規格上、大きな大会で支障を来すことが懸念されていた。〈改善は絶対不可欠〉。社長にもスタッフにも、プレナは世界ボウリング連盟と全国ボウリング協会から公認競技場として認可を受けているというプライドがある。このため、再びボールのスムーズな走りや曲がりを重視した「プロレーン」の設置を断行したのだ。結果的にレベルの高いアマチュアボウラーのみならず、一般の利用客からも好評を得ている。

津波や豪雨災害とは異なり、新型コロナウイルスの終わりはなかなか見通せないが、新たに設けた本格的な設備を見ながら高橋社長は「現状では売り上げの減少は仕方がないこと。感染防止策をきちんとしながら、収支のやり繰りに努めていくしかない」と改めて覚悟を語る。阿部支配人も「大きな割合を占める団体客はまだゼロの状態だが、個人の客は予想以上に戻ってきている。ここを凌げば…。今は我慢の時」と今後に望みをつなぎ、自らを鼓舞する。

遠藤さんは残念ながら2021年6月末に家庭の事情で退職した。「コロナウイルスがなくなれば、きっと本来の賑やかなプレナが戻るはず」と信じ、後輩のスタッフたちにプレナ魂を引き継いだ。「おいしいので、これ食べてよ」と、いつも取れたての野菜やお菓子を持ってきてくれた馴染みの客たちにも「お世話になりました。落ち着いたら私も客としてまた好きなボウリングをしに来るつもり。それまで元気でいてね」と御礼のあいさつを忘れなかった。

第4章　復興支援

業界に活動の輪広がる

東日本大震災では多くのボウリング場が被災した。日本ボウリング場協会に加盟しているセンターだけでも、震災からわずか4カ月後の2011年7月までに東北・関東・甲信越地方を中心に8カ所が廃業を余儀なくされた。その後も、休業していたセンターが再建を諦めるケースがドミノ倒しのように続いた。

閉鎖は震災の被害が大きかった岩手県、宮城県、福島県に目立った【表1】。震災時までに3県合計で48カ所（協会非加盟を含む）あったのが、約10年間で30カ所になり、減少率は40パーセント近くになる。プレナのある宮城では18カ所のうち10カ所が閉鎖を余儀なくされる異常事態を招いたのである。それでも同県では震災から3年後に、近年では珍しく新たなボウリング場が1カ所オープンしたために、現在は合計で11カ所を数える。

3県のうち津波が襲来した沿岸部は、10カ所から6カ所に減り、岩手はついにゼロとなってしまった。福島の沿岸部で閉鎖に追い込まれた2カ所は、いずれも東京電力福島第1原子力発電所事故による避難区域に立つボウリング場だった。

【表2】

予想超える惨状に絶句

〈それほどまでにひどかったとは〉。

全国のセンターを統括する同協会の中里則彦会長(62)は東京都内での理事会に出席中、大地震に遭った。その体験から各センターの被害はある程度予測していたが、地震に大津波による被害が加

	岩手	宮城	福島	合計
震災時(2011年3月)	10	18	20	48
10年後の2021年11月	6	11	13	30
減少数	4	7	7	18

表1　岩手・宮城・福島3県のボウリング場数

	岩手	宮城	福島	合計
震災時(2011年3月)	1	4	5	10
10年後の2021年11月	0	3	3	6
減少数	1	1	2	4

表2　岩手・宮城・福島3県沿岸市町の中で海に近いボウリング場数

わった実情を知り、強い衝撃を受けた。

男子トップ級の永野すばるプロや女子の名和秋プロら7人の人気選手が所属する「相模原パークレーンズ」(神奈川県相模原市)の社長を務めており、協会長職は震災が起きた年から5期、10年になる。被災対応として、まず休業に陥ったセンターに既定の見舞金を贈ったり、全国のボウリング場から募ったお金を被災地区のボウリング場協会を通して配分したりした。

〈実際に現地を見なければいけない〉。視察地にプレナを選び、その年の6月22日、黒川賢蔵副会長(73)や東北地方の役員ら3人とともに訪問。場内を見回して絶句した。水に漬かった機械だけが残り、既に剥《は》がされたレーンの下にたまっていたヘドロを40人ほどのボランティアがバケツ一個一個にかき集める、気の遠くなるような作業に黙々と打ち込んでいた。さらに駐車場には廃棄されたレーンが幾重にもなって置かれていた。ボウリングの仕事に携わる者にとっては、むなしくなる光景である。〈自分が高橋社長の立場なら100パーセント再建は断念しただろう〉。

その後、案内された海岸地区は瓦礫と建物の基礎部分だけという爪痕を一面に晒していた。津波に流された多数の廃車は堤防のごとく、うずたかく積み重ねられていた。車内でも大勢の人が亡くなっていることを示す無残な眺めだ。相模原に帰ってからも、過酷な被災地の光景は脳裏から離れなかった。

プレナを視察した前日、中里会長らは、被災地支援で福島市入りしていた。原発事故による避難者60人ほどを招待して励まそうと、「からしまボウル福島」で交流会を開催。日本プロボウリング協会の中山律子会長も鈴木理沙、佐藤まさみ両女子プロボウラーを伴い参加した。

最初沈みがちだった住民はゲームが進行していくうちに打ち解け、声を出して笑顔で投球を続けるようになった。盛りだくさんの賞品も用意され、集いは大い

使えなくなった全てのレーンが駐車場に積み上げられた

に盛り上がりを見せた。〈逆にこちらが励まされた。来て良かった〉。目を細めて見入る中里会長はそばにいた協会の仲間に「ボウリングはこんなにも人を和ませ、楽しませてくれる力を持っていることを、この時改めて実感した」と語った。

プレナを2度目に訪れたのは、翌年の10月半ばであった。高齢者を中心とするスポーツ・文化・健康・福祉の総合的な祭典「ねんりんピック宮城・仙台」(厚生労働省、地元自治体、一般財団法人・長寿社会開発センターなど主催)のボウリング会場にプレナが選定されたためだ。毎年、各都道府県持ち回りで開催している同大会にその年は全国から選手、監督、役員ら関係者合わせて約7000人が参加。県内各市町村で競技や文化祭などに取り組み、ボウリングは2日間にわたって開催された。

スピード再開を称賛

さらにプレナではその1週間前にも、復興チャリティーを兼ねた日本プロボウリング協会承認大会の「第2回宮城オープン2012」を開いていたのだ。男女のプロ21人とアマチュアを合わせ80人が出場する規模の大きな大会となった。プロの部では決勝で山本勲プロが佐藤美香プロを248対235の接戦で破り優勝。決勝戦まで好勝負が続いた会場は大いに沸いた。

震災の復旧作業はどこの被災地でも取り掛かったばかりだ。あの惨状を目にしてから1年余しか経ていないのに、新たな装いで大会を実施できるまでになったプレナに中里会長は「短期間でここまで立ち直れるとは想像すらできなかった。その努力は並大抵ではなかったろうに…」と感激。高橋社長にお祝いの言葉を贈り、ガッチリと握手を交わした。日本プロボウリング協会も各大会やイベントを通じ募金を実施したほか、缶バッジの販売やプロボウラーが持ち込んだ使用ボール、ユニフォーム、オリジナルグッズなどのチャリティーオークションを開き、収益金を復興支援金として被災地に寄付した。

また、「がんばろう日本！ 東日本復興ボウリングキャラバン」と銘打ち、ボウラーたちが交代でチームを編成し、ボウリングで東北地方各地の被災者を激励する活動を継続した。プレナには2013年3月17日、吉田真由美プロや協会東北支部のメンバーら男女10人のボウラーが訪問。狭い仮設住宅で生活している人たち120人を招待し、ゲームで交流を深めた。

一貫してプレナの機械設備の改修に当たったのが、用品販売から設備工事まで取り扱うボウリングの総合会社「サンブリッジ」(神戸市)だ。阪神・淡路大震災(1995年1月17日)で被災したが、「無事に難局を乗り切ることができたのは多くの人々から支援をいただいたお陰。今度は私たちが恩返しする番」と、プレナが復活するまでのノウハウを親身になってアドバイスしてくれた。

プレナミヤギの奮闘をたたえる日本ボウリング場協会の中里則彦会長

復旧工事のパートナ

ーとして歩んできたサンブリッジの橋本政明社長（69）は「まさにプレナの社長の希望、執念、勇気が実を結んだ。さらにはスタッフ全員の『おれはこのボウリング場を愛している』という情熱と『全てはお客さまのために』という信念がうかがえ、頭が下がる思いだ。企業が目指す精神がそこにある」と称賛と労《ねぎら》いの言葉を伝えた。

同社は支援活動を全国展開しようと、震災翌月の宮崎プロアマオープンから契約プロ13人によるチャリティーを開催した。「幸福の黄色」を復興の旗印に掲げ、会場で「絆2011・3・11 BELIEVE JAPAN LOVE BOWLING（ビリーブ・ジャパン・ラブ・ボウリング）」と描かれた黄色のボウリングボールやTシャツ、タオルなどのグッズを販売。益金は日本ボウリング場協会を通じて被災地に贈呈した。

同チャリティーには、阪神・淡路大震災で被災した神戸市出身の中谷優子プロも加わっていた。インターネットの百科事典・Wikipedia（ウィキペディア）によると、プロテストを2カ月後に控えていた大事な時に同震災に遭遇し、ボールに全く触れられない事態を迎えた。しかし、〈何としてもプロになりたい〉と夢を諦め切れなかった。避難生活を続けながら、休業中のボウリング場を特別に貸してもらい、練習を重ねた。テストの日はまだ電車などの交通機関も宅配便も止まっていたため、原付バイクにボール4個を載せ、瓦礫がまだ残る悪路を3時間近くかけて大阪の受験会場に到着。努力のかいがあって合格し、18歳でデビューを果たした。災害による大きな苦労が身に染みて分かっているだけに、東日本大震災の支援活動には一層力が入った。

ゆかりの芸能人に癒やされる

芸能人の中にボウリングでの復興支援に奔走した異色の人物がいた。手品師でタレントのマギー審司さんだ。マギーさんの出身地は宮城県気仙沼市。岩手県に近い沿岸部に位置する。まちは津波で壊滅的な被害を受け、92歳の祖母と叔母ら身近な人たちも津波にのまれ犠牲になった。1カ月後に訪れた実家の電気店は家電製品が散乱し、泥がびっしりと入り込んでいた。

〈古里のために何かをしたい〉。行動は素早かった。東京の東横線中目黒駅前に立ち、街頭募金を開始。仲間も加わり、2週間足らずで1000万円を超えるお金が集まった。〈東北のことを思ってくれる人が、こんなにいるとは…〉。熱い思いが込み上げてきた。

一方で、〈被災地では寒さと空腹に耐え、我慢の生活を強いられているのに、自分はいつも暖かい風呂に入り、ベッドでゆったりと休息を取っている〉。何かしらの罪悪感を拭い切れずにいた。

東京・中目黒駅前に立ち、懸命に募金を呼び掛けるマギー審司さん

好評のチャリティー継続

募金する人は日を追うごとに少なくなり、募金活動の協力者にも疲れが見え始めた。〈時間がたてば仕方ないこと。復興には長い時間がかかる。活動を長く続けるためには楽

しいものでないといけないのかも〉。そこで閃《ひらめ》いたのがチャリティーボウリング大会だ。震災前から趣味が高じて、自ら大会を主催するほど根っからのボウリング好きで、腕前の方もハイスコアが279点と高いレベルを誇る。

被災地はいまだに復旧がままならず、行方不明者の捜索が続いている厳しい状況下である。〈復興支援とはいっても、果たして賛同してくれる人がいるのだろうか〉。不安が付きまとう中で後押ししてくれたのが、率先して一緒に街頭募金にも立ったボウリング仲間の俳優村田雄浩さん。「今、ボウリングは不謹慎ですかね」と遠慮がちに相談したところ、「被災地を支援するためにも、震災を風化させないためにも意義があること。それには楽しい企画を立てなければ継続した活動はできないよ」と理解を示してくれた。

チャリティーの大会名は「M's family（エムズ ファミリー）チャリティーボウリング大会」と付けた。「エムズ」はマギーさんと村田さんの頭文字「M」から取った。村田さんは本職の優れた演技力と同様に、ボウリングも抜群のうまさを誇り、2012年にパーフェクト（300点）を達成。2015年、ボウリングを広く普及させた芸能界、スポーツ界の著名人を対象にした日本プロボウリング協会の「名誉プロボウラー」第1号に選ばれ、象徴の金ワッペンを贈られている。その後また、パーフェクトを出し、周囲を驚かせた。その頼もしい人からの復興支援活動の協力は何よりも心強かった。

もう一人、ラジオ番組で共演した作家森村誠一さんの言葉も支えとなった。「溺《おぼ》れている人を助ける時に、自分が溺れてしまってはどうしようもない。自らはいつも体も精神も健全にしていないといけない」。貴重な助言をもらった。

チャリティーは東京の「田町ハイレーン」でスタート。同所が閉鎖後は「笹塚ボウル」をメーン会場とし、年に1、2回は地方のボウリング場に足を運んだ。芸能界からは、つまみ枝豆さんや黒田アーサーさん、ガダルカナル・タカさんら多くの人が次々と応援に加わり、輪を広げた。ゲーム中に外国語を口にしたら罰金として1回につき10〜100円を募金。わざと「ラッキー」とか「ナイス」などと大きな声を出し、お金を1人で何度も募金箱に入れるなど会場は盛り上がった。一般の参加者から「こんな楽しい支援活動ならまた来るよ」と言われたマギーさんは意を強くした。

予想以上に好評だったこともあり、震災1カ月後からコロナ禍で中断を余儀なくされるまで毎月1、2回開催、合わせて100回を超えた。1回につき多い時で100人以上参加し、10万~20万円が集まった。益金は、ある程度まとまったら気仙沼の仮設住宅や避難所で過ごす人たちから必要な物を聞き、気仙沼の商店街で購入する際の費用に充当。物資は湯たんぽや殺虫剤、座椅子、1体140万円もする遊戯具のエアトランポリン2体など大小さまざまに及び、感謝された。次第に物の必要度合いが薄れるようになってからは、知人や芸能人仲間を誘って気仙沼まで行き、観光や買い物を通じて震災の風化防止に努めたほか、仙台市出身のお笑いコンビ・サンドウィッチマン(伊達みきおさん、富澤たけしさん)主宰の「東北魂義援金」にも寄せた。

街頭募金と同じように、チャリティーボウリングの参加者数も年々少なくなっていった。7、8人の時もあった。〈続けられるのだろうか〉〈意味があるのだろうか〉。悩むマギーさんを決まって元気付けたのがあの村田さんだ。「僕たち2人だけでもいいじゃないか。何があってもやめてはならないことだから」。その言葉に再び奮い立たされた。

支援の対象は気仙沼を基本とし、募金のためのチャリティーボウリングとは別に、被災者に楽しんでもらうボウリングイベントも気仙沼さくらボウルで開催。さらに岩手県沿岸部と石巻市などにも赴いた。〈全壊からこんなに早く復旧できるなんて…〉。石巻のプレナを訪問したのは、再開してから間もない時期で、きれいなレインボーカラーに整備されたセンターに目を見張った。招いた大勢の市民が久々にゲームに興じる様子に「楽しいことをしている時には嫌なことを忘れられる。ボウリングはその役割を演じてくれるスポーツだね」と所属事務所の内海賢治チーフマネジャーとうれしそうに語り合っていた。

〈点数を競うだけでなく、みんなが笑顔になれる、そんなボウリングも重視していきたい〉。元気に投球する老若男女をマギーさんのそばでじっと見ていたプレナの阿部支配人もそう実感し、主催した一行に感謝しながら、気持ちを新たにした。

主に観光宣伝を担う宮城県の「みやぎ絆大使」、気仙沼市の「みなと気仙沼大使」を務めるマギーさん。震災から節目の10年が過ぎた思いを「どこへ行っても、反対にこちらが激励された。辛いことがあっても相手を思いやり、幸せを与えてくれる東北人のパワーを改めて感じた年月でもあった」と述べたうえで、「心の復興にはまだ時間が掛かる。節目の年といっても、被災した皆さんにとって通過点にすぎない。被災地もコロナ禍で大変だと思うが、チャリティーボウリングは時期を見計らって再開し、続けていく。東北には可能な限り出掛け、東北と共に頑張る」と決意する。

レーン舞台に歌謡ショー

震災で復興支援を受ける立場から一転、支援する側に回ったのがプレナである。〈ボウリングだけでなく、歌でも被災者の心を癒やしたい〉。２０１４年の暮れ、高橋社長の熱意がまたムクムクっと沸いた。それがプレナ史にも残るようなイベント開催へとつながっていく。

プレナに近い場所にある市民会館や旧北上川河口に立つ文化センターなどが、地震と津波の被害で解体され、大きなコンサート会場が石巻の市街地から消えてしまった。〈それならば、プレナでもやれるはず。よしっ、臨時の舞台を設営し、あの人を呼ぼう〉。即座に一人の演歌歌手の顔が思い浮かんだ。その人は岩手県雫石町出身の福田こうへいさんである。

ガターに敷かれた板の上を歩きながら被災者らと握手する福田こうへいさん

かつて盛岡市内で東北6県にあるボウリング場関係者の会議が開かれた際、会場になったホテルのフロントマンから「期待されている地元出身の歌手（福田さん）がいる。これから売れると思うので、ぜひ応援してほしい」と頼まれ、CDを2枚購入。そのうまさについ聴きほれた。間もなくテレビにも出演するようになり、あっという間に人気歌手の座を射止めた。福田さんを思い浮かべた時には既にNHK紅白歌合戦に出場したり、日本レコード大賞新人賞を受賞したりしていたのだ。

高橋社長はショーの開催が未経験だけに、その段取りが分からない。そこで普段からコマーシャルで付き合いのある仙台市内の民放ラジオ局に相談。その結果、出演交渉がまとまり、ラジオ公開録音として2015年2月13日、プレナボウリング場での開催が決定。高橋社長は聴衆を無料招待することにした。

震災から復旧して3年4カ月が経過したレーン上に、急ごしらえの木製のステージを設置。ガターを木枠で埋め、段差を無くした客席にはブルーシートを敷き、700人分の椅子を並べて準備を整えた。復興支援事業ということで、ブルーシートと椅子は石巻市役所から快く無料で貸してもらった。普段はピンが弾ける心地良い音と歓声が聞こえるボウリング場が、歌謡ショーの舞台に姿を変えたのだ。

当日、会場は招待した仮設住宅や災害公営住宅に住む被災者で満席となり、フロントやボックスで観覧する人たちも現れるほどの盛況を呈した。音響効果は専用の音楽ホールに劣るとはいえ、民謡で鍛え上げられた豊かな声量と抜群の歌唱力はそうしたハンディを全く感じさせない。デビュー曲の「南部蝉《せみ》しぐれ」をはじめ数々のヒット曲が場内に響き渡る度に大きな拍手が送られた。歌だけではなく、東北訛《なま》りの軽快なトークでも盛り上がり、訪れた人たちは「本物のいい歌を聴いたし、しばらくぶりに笑うこともできた」と喜んだ。最後に舞台から降り、一人ひとりと握手を交わす福田さんからは、同じ東北人として寄り添っていこうという真心が伝わってきた。

長年、お世話になっている市民への恩返しの意味もあったショーであった。〈果たしてうまくいくのだろうか〉。高橋社長は終始、不安げであったが、成功裏に終わり、目的を果たすと自然と表情が緩んだ。

プレナには棟続きの小ホールもある。特に震災後は貴重なコンサート会場としてアーティストに活用された。歌手・クミコさんもその一人だ。プレナに隣接する石巻市民会館でリハーサルの直前に震災に遭遇。大地震の後、津波の襲来を事前に知らされ、スタッフや地域住民らと一緒に裏山の急な坂を上り、採石場に避難して一命を取り留めた。その後も石巻を何度も訪れ、被災者を励ますコンサートを開いたり、募金活動をしたりして支援を継続している。

爪痕がまだ残るまちでコンサートの会場探しは一苦労だった。それを耳にした高橋社長は、会場に小ホールを貸し出した。クミコさんにとって、津波から避難して不安な一夜を過ごしたこの地域一帯は忘れられない場所である。

2012年3月、その一角のプレナで開催した被災者を励ます演奏会での歌にも自然と熱がこもった。「祈り」や「最後の恋」など、おなじみの曲をしなやかに、しみじみと披露。未来どころか、明日さえも見えない被災者の心を癒やしたのだ。ステージの最後に「『石巻の皆さん、頑張って』ではなくて、『復興に向けて、私も共に歩かせてほしい』と言わせてください」と優しく、そして力強く語り掛けた。石巻再生の願いを共有したいという その言葉に感動して涙ぐむ聴衆も見られた。

クミコさんはデビュー30周年になるこの年に新曲の「きっとツナガル」を発表した。音楽を通じて被災地に復興のエールを届けたい思いでリリースした楽曲で、英語バージョンとともに、石巻市民もコーラスで参加する石巻合唱バージョンも加え、話題を呼んだ。記念すべき年のスタートとなる舞台を提供したプレナは、一人の歌手と被災者の強い絆が生んだ「心の震災復興」にも貢献した。

第5章　経営と防災

憩いの場の役割担う

損害額2億、また多額の借金

東日本大震災から台風19号までの相次ぐ災害で被ったプレナの損害は甚大である【表3】。ボウリング場の主な設備関連だけでも24レーンの全部を張り替えしたのが2回（計48レーン分）、補修が1回。ピンスポッターの全部交換が1回、一部部品交換1回。ピンの全部交換が2回。このほかに建物の補修や各種用品の購入などもあり、損害額は震災関連で約1億5000万円、台風19号で約5000万円、合計2億円の膨大な額に上った。

通常なら1年、365日、無休の営業形態だが、休業期間は新型コロナウイルスの影響を含め過去10年間で通算約10カ月に及び、この間、収入は全く無いままなのだ。廃業しても致し方ない状況に追い込まれた。震災と台風いずれも、それまで支払い続けていた過去の借り入れ返済が終わろうとしていた時に発生し、その度に、また多額の借金を抱える最悪の事態に陥っただけに、ショックはより大きかった。

《2011年3月11日》東日本大震災発生で休業
・水没し泥まみれの全24レーン張り替え
・ピンスポッター（レーン裏側にあるピンをセットする設備）を修理・調整
・内外装とも希望の象徴である7色のレインボーカラーに統一
《2011年9月21日》台風15号の豪雨被害
・ボールリターン設備の一部が浸水被害
《2011年10月17日》リニューアルし営業再開
《2015年夏》ピンスポッターに不具合が多くなる
《2016年8～9月》ピンスポッターとピンを一新。古いピンスポッター1台を場内に展示
《2019年10月13日》台風19号豪雨被害で休業
・高圧電気設備の水没で停電
・ピンを一新
・レーンの調整
《2019年12月1日》営業再開
《2020年4月11日》新型コロナで自主的営業自粛
《2020年4月20日》自粛解除
《2020年4月22日》緊急事態宣言に伴い臨時休業
《2020年5月7日》営業再開（時間短縮）
《2020年5月18日》通常営業時間に戻る
《2020年6月1日》リーグ戦、健康クラブ、各種大会順次再開
《2020年6月15日～7月22日》2期に分け全レーン張り替え

※長期休業（計4回）
①2011年3月11日～10月16日（震災）
②2019年10月13日～11月30日（台風19号）
③2020年4月11日～4月19日（コロナ禍）＝自主休業＝
④2020年4月22日～5月6日（コロナ禍）＝休業要請＝

※全レーン張り替え→震災後と2020年6～7月の計2回。その他に補修、調整も
※ピンスポッター全部交換→2016年9月。震災では部品交換と補修のみ
※ピン全部交換→ピンスポッター入れ替え時（2016年9月）と台風19号の後の計2回
※被害額→震災関連1億5,000万円、台風19号関連5,000万円

表3　災害とコロナ禍に伴う休業と主な設備改修

「利用客のために」「地域のために」といった努力目標的な理念だけで会社の存続は貫けない。いざという時の資金の蓄えや調達、会社としての信用が不可欠であることは言うまでもない。震災で苦境に立たされた高橋社長は資金の捻出方法を妻で取締役の京子さんと考えた末「まずは中小企業対象のグループ補助金に頼ろう」との結論を導き出した。この補助金制度は震災の被災企業向けに国が創設したもので、企業はグループを組んで事業計画を作ると、国、県から施設や設備の原型復旧費の4分の3（75パーセント）の助成を受けられる。正式には「中小企業組合等共同施設等災害復旧事業」と行政用語らしい長ったらしい名称で、手続きもそう簡単ではない。台風19号による豪雨にも適用されたため利用したが、震災時よりも審査基準が厳格さを増し、認可が下りるまで1年余も要した。

4分の3の補助とはいえ、制度の対象にならない復旧費も要するため、万が一に備えていた水害の保険金を加えても実質、半分程度は自己資金からの持ち出しを強いられたのだ。そのうえに補助金は、認可されても復旧工事が完了するまでは下りない。支払いは待ってはくれないので、この間は全額自らの負担になる。そこには融資する金融機関からの信用が問われるという企業の宿命に晒される。

〈収入のない状態が続けば、スタッフは生活できなくなる。また銀行さんのお世話になるしかない〉。プレナのメーンバンクは「株式会社日本政策金融公庫」(東京)。同公庫は「石巻にとって欠かせない企業なので、こちらこそ利用してもらいありがたい」と支援を続けている。震災以前と同様に震災以降も融資の依頼を受けた仙台支店は「復興の象徴的な事例でもある」とプレナの熱意を理解。安堵《あんど》した高橋社長は再開へ向けスタートすることができた。

中小企業だからこそ再起

新型コロナウイルス感染症が拡大する前の2020年1月、東京都内のホテルで日本ボウリング場協会の賀詞交歓会が開催された。一通りの式典を終え宴《うたげ》に移ると、中里会長は高橋社長の席に足を運んだ。「あの大災害で私なら再開は諦めた」と改めて震災対応の感想を述べたうえで、「なぜ七転び八起きの精神で何度も苦境を乗り越えられるのか」と単刀直入に尋ねた。

高橋社長は笑みを交えて答えた。「実際のところは、予想をはるかに超える被害にくじけそうになったし、一度は閉鎖を考えた。多分、大企業のボウリング場であればそうしたであろう。私は地元に根を下ろしている一中小企業の経営者。会社を存続させるために『今度だけは頑張ってみよう。何とかなるかもしれない』と必死になって再起を図った。当然、銀行からの応援も大きかった」と。

石巻のまちが息を吹き返したとしても、住民の心までが元通りになるとはいえない。大切な人を失った人、住まいを失った人、心が傷ついた人。それぞれが喪失感を抱きながら生きていかなければならない。そうした辛い状況の中で、いっときでも安らげる場所は欠かせない。だからこそ、地域住民の憩いの場にもなっている小都市のレジャー施設、とりわけ石巻のボウリング場とスケート場は残さなければいけないという社長の信念を強調したのだ。会話する2人のそばでは、全国各地のボウリング場の役員らが興味津々な様子で耳を傾けていた。

中里会長は常日頃、業界外の経営者たちにもボウリング場の厳しい現状を伝えている。

「正直、商売としてボウリング場は儲《もう》からない。ボールが転がる部分（レーン）が面積の大半を占めるため、やたら広くならざるを得ない。だからエアコンに5000万円とか雨漏りに2000万円とか、維持費だけでも大変。加えて、近年はボウリングの第1次ブームに建てたセンターの老朽化で莫大《ばくだい》な改修費に迫られている所もある」「日本でボウリング場が開設された70年近く前と比べ、今は何十倍も物価上昇しているのに、ボウリングのゲーム料金は2、3倍がいいところ」と膨らむ支出と増えない収入という大きなアンバランスを指摘する。

そうした理由で震災では建物が大して壊れなかったのに、それをきっかけに廃業したボウリング場もあった。「再起を果たしたプレナさんは極めて珍しいケース。ゼロからというよりも、大幅なマイナスからのスタートになったわけだから。ボウリングに対する高橋社長の情熱が伝わってくる。まさに尊敬に値する。同様に、津波で被災後、全面的に建て直した『気仙沼さくらボウル』さんにも頭が下がる」と、宮城県内2つのセンターの健闘ぶりをたたえる。

（気仙沼さくらボウルは1968年2月、「気仙沼第1ボウル」の名称で開業。2003年

7月、気仙沼市の開発地区に移転し、さくらボウルに改名して新装オープンした。しかし、魚市場付近の海に近い場所だったため、2011年3月に発生した東日本大震災の津波で流失。新天地での営業開始から7年8カ月しかたっていない時期の被災であった。内陸部に再び新築を強いられ、2015年3月に3度目のオープンを果たした。再建は気仙沼地方で唯一のボウリング場を絶やしたくないという経営者の方針と、熱心な地元ボウリングファンからの要望に応えたものだった。現在のレーン数は14)

協会は縮小をたどるボウリング場に手をこまねいているだけではない。「新規顧客の定着化」「ジュニア層の開拓」「利用客とのコミュニケーション推進」「サービス向上」などさまざまな対応策を呼び掛ける。

ボウリングは競技志向、レジャー志向、健康志向、交流志向など多様な形態を提供するスポーツだけに、1度は体験したことのある人は少なくない。新型コロナウイルス感染症が起きる前の「レジャー白書2019」(公益財団法人・日本生産性本部策定)によると、2018年のボウリング参加人口は950万人(参加率9・5パーセント)。スポーツ部門では体操（器具を使わないもの）、ジョギング・マラソン、トレーニングに次ぐ第4位で、2016年、2017年の2年間、後塵《こうじん》を拝してきた水泳を再び上回り、競技スポーツの1位になった。このように期待の持てないデータばかりではないのだ。

ボウリング場経営となると「言うは易し、行うは難し」だが、「苦しい現状の中でも経営を維持している人たちは基本、ボウリングが好きな人。トップが率先垂範し、サービス業としての初心に帰って明かりを見いだしてほしい」（中里会長）と業界の巻き返しを心底願う。

仰ぎ見るプロボウラー

土俵際に追い込まれながらも必死に粘り、押し返すプレナを、プロボウラーたちも仰ぎ見ている。〈この場所に立つと、不思議とエネルギーをもらえる〉。2020年11月の日曜日、渡辺けあきプロはプレナのレーンで投球していた。東北地区ボウリング愛好者の親善大会にゲストとして招待されたのだ。同所を訪れたのは前年6月の第2回石巻プレナ

ミヤギ プロアマトーナメント以来2度目になる。

けあきプロは、2013年日本ミスコンテスト東日本代表（本選では「ミス日本・海の日」に選出）の元女優で、現在はプロボウラーと声優を兼ねる多彩な経歴を持つ。東日本大震災時は宇都宮市内の高校3年生。初めてのプロテストで第1次合格し、2次テストを控えていた。そのような人生の中でも大切な時期に、震度6強の地震により活動の拠点としていた「宇都宮第1トーヨーボウル」が天井の落下で閉鎖を強いられる。頭の中が真っ白になった。その後しばらくの間、父親の歯科医院（栃木県矢板市）で断水が続いたため連日、井戸から水をくむ力仕事を手伝った。

練習場を失ったこともあり、2次テストは残念ながら不合格だった。再挑戦した翌2012

渡辺けあきプロ。震災の大地震で拠点としていたボウリング場が閉鎖された

年、大学在学中に見事合格してプロ入り。2019年には東海オープントーナメントで優勝を飾り、念願の公式戦初タイトルを獲得した。

テレビに映し出された大津波に衝撃を受けた。栃木県は内陸部だが、事故が発生した福島第1原発から100キロ圏内なので、放射能が心配されたほか、その後、放射能関連の廃棄物処理の埋め立て地に矢板も候補に挙がった。「震災後も絶えず恐怖を感じており、真の復興は簡単ではないと実感した」。プロになってからは、トーナメントの出場メンバーらによる被災地への募金活動に積極的に参加した。

フランチャイズとしていたボウリング場の廃業を目の当たりにしていることから殊更《ことさら》、被災しても負けずに営業を継続するプレナの方針に感心する。「度重なる被害からの復活は東京にいて聞いていた。地元の人たちにボウリングを楽しんでもらおうという意気込みを感じる」と語り、「ここまでできるボウリング場はそうないでしょうね。会社の基盤もしっかりしているからと思う」と若いながら経済的な観点からも明晰《めいせき》に分析。真摯《しんし》にボウリングに向き合う彼女の姿勢が伝わってくる。将来はプレーだけでなく、ボウリングを根付かせるための普及活動も仕事の一つにして、業界に貢献していきたい考えだ。その意味でもプレナの屈しない姿をしっかりと心に焼き付けている。

プレナになじみ深い一人の女子ボウラーがいる。その人は吉田真由美プロ。1998年のプロデビュー以来、公式大会通算11勝、ポイントランキング1位が2回という輝かしい実績を持つ。新人時代にチャレンジマッチでプレナに来訪したのが縁で、その後も結婚して産休に入るまで毎年のように招かれた。震災後は復興支援の一環として訪問。「きょうは体を動かしながら、大いに楽しみましょう」と持ち前の笑顔で呼び掛けると、会場の被災者も笑顔になった。

大会で全国各地のボウリング場を回っている吉田プロではあるが、震災後、プレナに入場してすぐに目についた場所がある。それは幼児の遊び場である。〈こうしたことにも配慮しているなんて…〉。高橋社長の再起に懸ける熱い思いと温かな心配りを感じ取った。プ

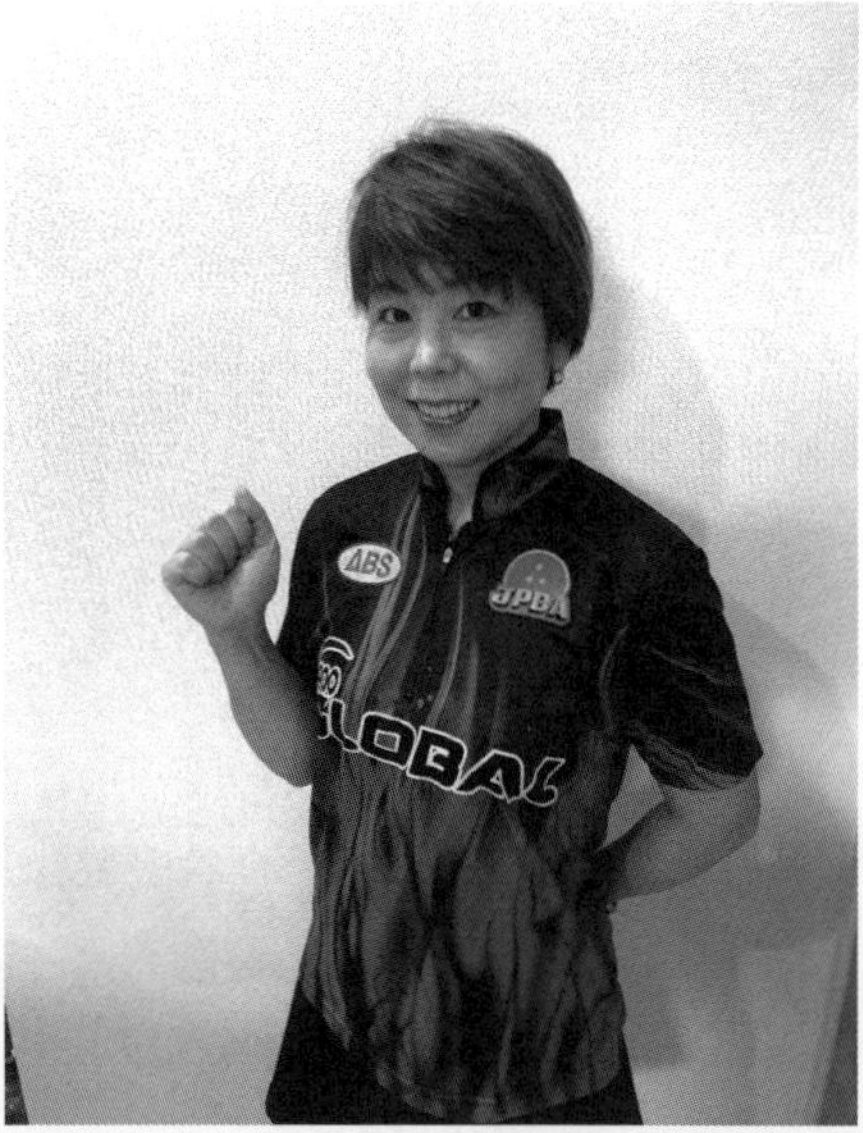

吉田真由美プロ。プレナミヤギと親交が深い

レーだけでなく、多くの親子に少しでも安らいでほしいと新たに設けたコーナーに、ママさんプレーヤーは感激したのだ。

プレナのプロアマトーナメントの第2回大会にも出場した。「大勢の人に元気になってもらおうと始めたと思うが、プロにとっても賞金の出る大会は大変ありがたいこと」と感謝の言葉を語る。大学時代、神戸・淡路大震災を、隣接する出身地・大阪府で体験した。被災した友人や知人らから、その惨状と辛い状況を間近で聞いているだけに、なおさら、未曾有の大災害に遭ったプレナの早期再開と高橋社長の市民への愛情に驚くとともに、敬意を抱いている。「これからも頑張ってほしい。コロナ禍が収まれば、ぜひまた訪れたい」とプレナにとりわけ愛着を持つ吉田プロは、拠点とする遠く北陸・金沢の地からエールを送る。

経営者の責任を全う

キーワードは「身の丈」

「社長、会社存亡の危機なので要りませんから」。阿部支配人が申し訳なさそうに断ろうとしても、高橋社長は「いいから受け取れ。心配するな。大丈夫だから」と諭す。それはボーナスのことである。震災後、長期の休業中であっても、高橋社長は給料を遅配することもなく、減額もせず、いつも通り毎月決まった日に出し、そのうえにボーナスまで支給していたのだ。社員だけでなく、パート従業員に対しても同様に臨時の手当を支払った。

〈このような会社、あるのだろうか。助けられた〉。スタッフ全員が手を合わせた。

〈売り上げがなくても、働いてもらっている以上、何とか工面して支払うのが経営者の責任〉。あくまでも従業員の生活を守り抜くというポリシーを崩さなかったのである。

これに対し、「給料をきちんと頂いているからには、復旧作業に専念し早期に再開させなければという気持ちがより強くなった」と述懐する阿部支配人。日本プロボウリング

健康ボウリング教室で講義する阿部信貴支配人

協会1級インストラクターと全日本ボウリング協会公認ドリラーの資格を取得し、ボウリング場運営の一翼を担うなど、社長の厚意に応える。

ボウリング場だけの単独経営が難しいのはどこも同じである。ボウリング場以外に複数の業種の会社を持つ経営者は多い。プレナも親会社・宮城開発の存在が大きい。建物は所有する宮城開発から借り受けているシステムを取る。とはいっても独立採算制なので、甘えていると深刻な赤字に陥るのは必至だ。

「では、なぜそこまでこらえられるのか。利用客や従業員のためにという努力目標のような思いだけではできないのでは」といった業界からの疑問に対し、高橋社長は「キーワードは『身の丈』」ときっぱり答える。

「企業だから利潤の追求は当然のこと。だが、ボウリング場の経営は日銭の積み重ねなので、多くの売上高は見込めない」と前置きしたうえで、「だから赤字にならない程度の収支トントンであれば良い。設備投資を含む維持管理費にかかるが、手を伸ばし過ぎなければ十分やっていけるし、これまでもやって来られた。おのずと銀行との信頼関係も築ける」と身の丈を超えた業務拡大の抑制、つまり地道に歩を進める重要性を唱える。

一方で、費用対効果が見込めるものに対する投資は惜しまない。被災した設備の改修や新たに企画したプロアマトーナメントへの賞金、賞品の拠出。また、プレーの割引券や優待券の発行、プロ野球の地元球団・東北楽天イーグルス観戦チケットの抽選による配布など、常連客向けのサービスも欠かさない。

広告もPRの有効な手段と考えている。月30～40万円をかけ、広告代理店を通じ仙台の民放ラジオ局に10～15本の20秒スポットコマーシャルを出しているほか随時、新聞広告を掲載。震災前には地元のコミュニティーFM局を活用し、「レッツボウリング」のタイトルで25分間の独自番組を月2～3回放送。映像ではなく聴いて覚える、珍しい手法のボウリング教室とイベント情報などをリスナー（聴取者）に伝えた。また、街中の要所には、大きなＰＲ用看板を設置している。経済効果というよりも、復興支援と市民への恩返しのために開催した福田こうへいさんのコンサートも、プレナならではの大胆かつ異例の事業投資である。

２０１７年４月には、既に日本プロボウリング協会が全国展開していた高齢者向けの「健康ボウリング教室」を受け入れた。文字通り、高齢社会の中でボウリングの健康性をアピールするのを主眼とする。ボウリングの流行期に青春時代を過ごした世代に、もう一度その感触を味わってもらうことにより、ボウリング人口を拡大しようという狙いも併せ持つ教室で、各地で好評を博している。

プレナでも新聞広告とチラシで募集したところ大勢の人が集まり、週2日、4教室を翌年には週4日、8教室に増やすほどで、開催の狙いは当たった。受講者の最高齢は90歳（男性）、平均年齢が60代後半。ピーク時には受講生が約２００人を数え、中には車で1

時間近くかけて通う人もいる。

ボウリングの楽しみ方、ルール、健康との関連、スコアアップ法など座学を中心にした勉強会を終えてからはリーグ戦方式の実戦に内容を変えた。健康目的に加えて競技性も強まり、ゲームの楽しさが増したために、決まった教室日以外にも、自由に練習に訪れる人たちもおり、集客に大きな効果をもたらしている。中には、めきめき腕を上げている人も見られ、開講から4年余が経過した2021年6月には76歳の男性がプレナの健康リーグ初のパーフェクトを出し、仲間と喜び合った。プレナも実物大のインテリア用ボウリングピンやTシャツなどの記念品を贈呈し、その快挙を祝福した。

末永副支配人は「コロナ禍が収束し日常が戻ったら、もっと大勢の人に健康ボウリングに参加してもらえるような手伝いをしていきたい」と強調する。それは同事業を利用客の増加に結び付けるだけでなく、ボウリングを通じて「超高齢社会と健康寿命」という現代社会が抱える問題に取り組もうという意欲の表れでもある。

健康教室の開講に当たっては、受講生へのマイボールやユニフォームのプレゼント、派遣講師料など準備金に約500万円を要した。ハード、ソフト両面で抑えるべきところはきちんと抑え、出すべきところには精査したうえで思い切って支出するといった、収支のバランスを考慮した経営の基本を貫く。

必要な洞察力と行動力

〈ボウリング場でただ単にボールを投げてもらうだけでなく、来場者には心が癒やされて、しかも学べる環境を提供したい〉。そう考えたのは、開業してから数年後の１９９０年代後半のことだった。歴史と芸術・文化にも興味を持つ高橋社長はすぐさま実行に移した。

エントランスホールを活用し、まず石巻の歴史を伝える絵図の「宮城県石巻港眺望全図」（複製）を手に入れて飾った。横2メートル21センチ、縦61センチの横長の大きさ。郷土史に詳しい元石巻市職員が各種史料を基に１９９４年、製図用ペンで10年間を費やして完成させ、地元の書店が発行した貴重な労作である。

昭和20年代の旧北上川河口周辺の家並みや観光名所でもある日和山を中心にした石巻

湾沿岸を精巧に再現。東方には牡鹿半島越しに金華山、西方には松島、仙台、蔵王山など県内のほかにも、福島県側の吾妻連峰まで視界に入る。石巻市の門脇・南浜・釜地区などの宅地・商業地開発が進む前の姿を見ることもできる

そして次に考えたのが景色を描いた絵であった。取引先の看板店に依頼し、石巻の代表的な風景である旧北上川の中瀬を日和山から眺めて描いてもらった。横2メートル80センチ、縦1メートル75センチの特大の看板の絵には、今は稼働していない造船所とその巨大なクレーンが目に飛び込んでくる。かつて隆盛を誇った港町の基幹産業を彷彿《ほうふつ》させる。旧北上川沿いに立ち、賑わいを見せた大型百貨店や観光ホテルの建物をはじめ、中心市街地も見事なタッチで表現されており、来客を魅了している。

幸い、いずれの作品もやや高い位置に固定して展示していたことから、震災の津波では大きな被害はなく、一部を修復しただけで済んだ。「特に年配の人や帰省した人にとっては、古里の懐かしい風景。多くの人に見てもらい、元気を出してもらえれば」と願う。さらに津波が押し寄せ、大きな被害を受けた地域の絵図と絵看板だけに、俯瞰《ふかん》することで今後の防災対策を考えるきっかけにもつながるだろうし、絵図に限っては戦後復興期のま

ちづくりの様子が震災復興と重なる。まさに高橋社長が狙いとした「市民に伝えたい」ものが、震災を経てからも学びの材料として効果を発揮しているのだ。

震災から10年余が経過した2021年6月には、「ストーリート（街角）ピアノ」を思い浮かべた。たまたま通り掛かった人がそこに置いてあるピアノを自由に弾く「駅ピアノ」とか「空港ピアノ」などと言われるNHKテレビの人気番組にヒントを得たのである。〈ウチでもあのピアノをボウリング場に配置して、不特定の利用客に弾いてもらおう〉。プレナの小ホールには演奏会用のグランドピアノを備えていたが、コロナ禍以降、利用者がいなくなったため、同年7月にボウリング場のエントランスに移設した。

震災の半年前に約250万円で購入した新品のピアノは、音響機材とともに津波で被災。復旧させようと考えたが、一度水をかぶったピアノの再利用は難しいと知り、廃棄処分を余儀なくされた。新たなピアノを置くことを諦めてから3年ほどたった時に、たまたま新聞の投稿記事が目に入った。秋田県に住む高齢者が「使わなくなった息子のピアノを被災地の方に無償で譲りたい」と呼び掛けていたのだ。先方にプレナ側の事情を説明すると、すぐに話がまとまった。使用してから10数年たつグランドピアノだが、新品で買ったときは250万円する立派なものだった。

「ストリートピアノ」を弾いて楽しむ親子

ピアノを設置してから間もなく、サクソフォン奏者の宍戸陽子さん（仙台市）が、コンビを組む男性ピアノ奏者とともにプレナを訪問。宍戸さんはサクソフォンが趣味の高橋社長と知り合いだったことから、石巻南浜津波復興記念公園でのイベントの帰りに立ち寄ったのだ。

早速、プロの音楽家2人は「栄光の架橋」と「カイト」の2曲を演奏し、スタッフらに広いボウリング場に響く二重奏の音色をしっかりと感じ取ってもらった。ボールが弾く高いピンの音と生の演奏は一見、アンバランスなようだが、プレーの合間や帰り際に鍵盤に触れる利用客は意外に多いことが分かった。高橋社長は「楽曲が流れれば心が和らぐ。多くの人にボウリングだけでなく、ピアノの腕前も披露してほしい。いずれは、ここで演奏会を開いてみたい」と、ストリートピアノならぬ「ボウリング場ピアノ」の活用に夢を膨らませる。

会社経営には、世の中の流行を敏感に捉える洞察力と行動力が求められる。社長をいつもそばで見ている阿部支配人は「何事にもポジティブ（積極的）思考で決断が速い。新しい物、流行《はや》り物には常にアンテナを張っている。レジャー産業の経営者として長《た》けている」と尊敬の眼差しを向ける。街の通りや大型商業施設などを見て回り、経営の参考にすることもよくある。震災の後に施設内を改修する際、人気が薄れてきたゲームコーナーを縮小し、幼児が遊べるコーナーを新設したのも視察から閃いたものだった。ボウリング場へのピアノや絵図、絵看板などの導入も同じ発想といえる。

また、雑誌や新聞などに掲載されたボウリング関連の記事の収集を怠らない。利用客に読まれるだろうと思ったものはすぐに拡大コピーして場内に掲示し、広く伝えている。２０２１年に入ってからだけでも、ミュージシャンの桑田佳祐さんが週刊文春（文藝春秋刊）

に連載した「ポップス歌手の耐えられない軽さ」の1月21日号に執筆した「ねぇ、ボウリングをやりましょうよ‼」を紹介。ボウリングの歴史やレーンの仕組みの解説、ジュニアボウラー時代のエピソードなどを知ってもらった。

続いて、健康増進学が専門の田中喜代次筑波大学名誉教授の寄稿文「ボウリングの健康効果」が、上毛新聞（前橋市）に載ったことを日本ボウリング場協会のフェイスブックで知るや否や、掲載された4月27日付から3日分の同新聞を急いで取り寄せた。記事では「認知症予防」「虚弱化予防」「良質な睡眠」について説明。掲示板の前では、行間からボウリングの魅力をくみ取ろうとする熱心な老若男女の姿をよく見かける。著名人や学者による記事効果は確実に表れている。

課題解決へ防衛策整える

〈これまで通り、この場所で営業を続けていく〉。道路を挟んだ目の前で建設工事が進む排水ポンプ場と、かさ上げされる旧北上川堤防に目をやる高橋社長。「プレナ丸」の針路に揺るぎはない。

津波と豪雨による大きな被害を震災から8年近くの間に3度も経験した。石巻市内は従来から低地が目立つうえに、震災の地殻変動で平均1メートルの大きな地盤沈下が発生。雨水の自然流下が困難となったことが豪雨被害を誘発した。2014年、市は全体で11カ所のポンプ場の新設を計画。プレナ付近のポンプ場は地盤などの影響で工事が遅れたが、2022年春までには完成させる予定だ。津波や洪水防止のための旧北上川の堤防工事も北上川下流河川事務所によって進められ、プレナに近い川の左岸は4メートル余の高さになる。

一方、地盤は硬い所である。昔、沼地であったが、周辺一帯を土地造成する際、市民会館や市民プールなどの公共施設を同所に建設することになったこともあり、地中にしっかりと杭《くい》を打ち強固にした。2021年2月から5月にかけ、宮城県沖や福島県沖を震源とする3度にわたる大地震で石巻市はそれぞれ震度6弱と震度5強を観測。それにもかかわらず、プレナに建物被害がなかったことにスタッフらは驚いた。

高橋社長には元々、移転の考えは全くない。常連客の一部には川や海から離れ、集客能力の高い大型店が集中している内陸部での開業を望む声もある。これに対し、「新たに土地を求めて建物を建てるとなると10億円前後は必要。そうまでしてやれる商売ではない」と言明。「現在地は硬い地盤に加え、車で訪れやすい便利な場所にあり、駐車スペースも十分。メーンバンクも『今ある交差点脇の角地は比較的良い場所』と評価してくれている」と応える。

環境面の有利さも指摘する。「14万人前後の都市で競争相手がないことは大きな強み。ボウリング場を全国展開する大手が石巻にまで進出することも考えられない。大きな事業や業務拡大をしない限りは十分続けていける」と展望する。

とはいえ、懸念材料はある。一つは、今後また浸水被害に遭った時のことだ。「お金は湧いてくるわけでない。いくら信念があったとしても、その時は経営を諦めざるを得ないだろう」。水害を除けば立地条件は良いのだ。だからこそ、排水ポンプ場と川の堤防工事の早期完成にかける期待は大きい。さらに、場内に水を浸入させないための自己防衛策にも力を注いでいく考えだ。

二つ目は、建物の改修問題である。70年代のブームに乗って建てられた多くのボウリング場は近年、改修に億単位の出費を迫られ、閉店を余儀なくされるケースが全国で相次いでいる。プレナも前経営者によるジョイフル時代から使用している建物が築50年になる。本来なら全面改修の時期だが、屋根やレーンをはじめ室内外の補修を随時行ってきたため、今のところは工事を急ぐ必要はない。耐震を含む管理費を抑えられる平屋であることも幸いしている。しかし、「当分は心配ないけれど、いずれ訪れる本格的な改修の準備を整えていきたい」と慎重に将来を見据える。

古里愛貫き、賑わい願う

プレナの入場者数【グラフ 98頁】は、ボウリング場とスケート場を合わせると、震災が起きる前年の2010年が5万1126人を記録。2011年は震災の影響で2万3493人と半分以下に落ち込んだが、早くも翌年からは持ち直し、2018年まではは4万人以上とほぼ横ばいである。台風19号が発生した2019年とコロナ禍の2020年でさえも、それぞれ前年の60パーセント台と80パーセント台に抑えることができた。

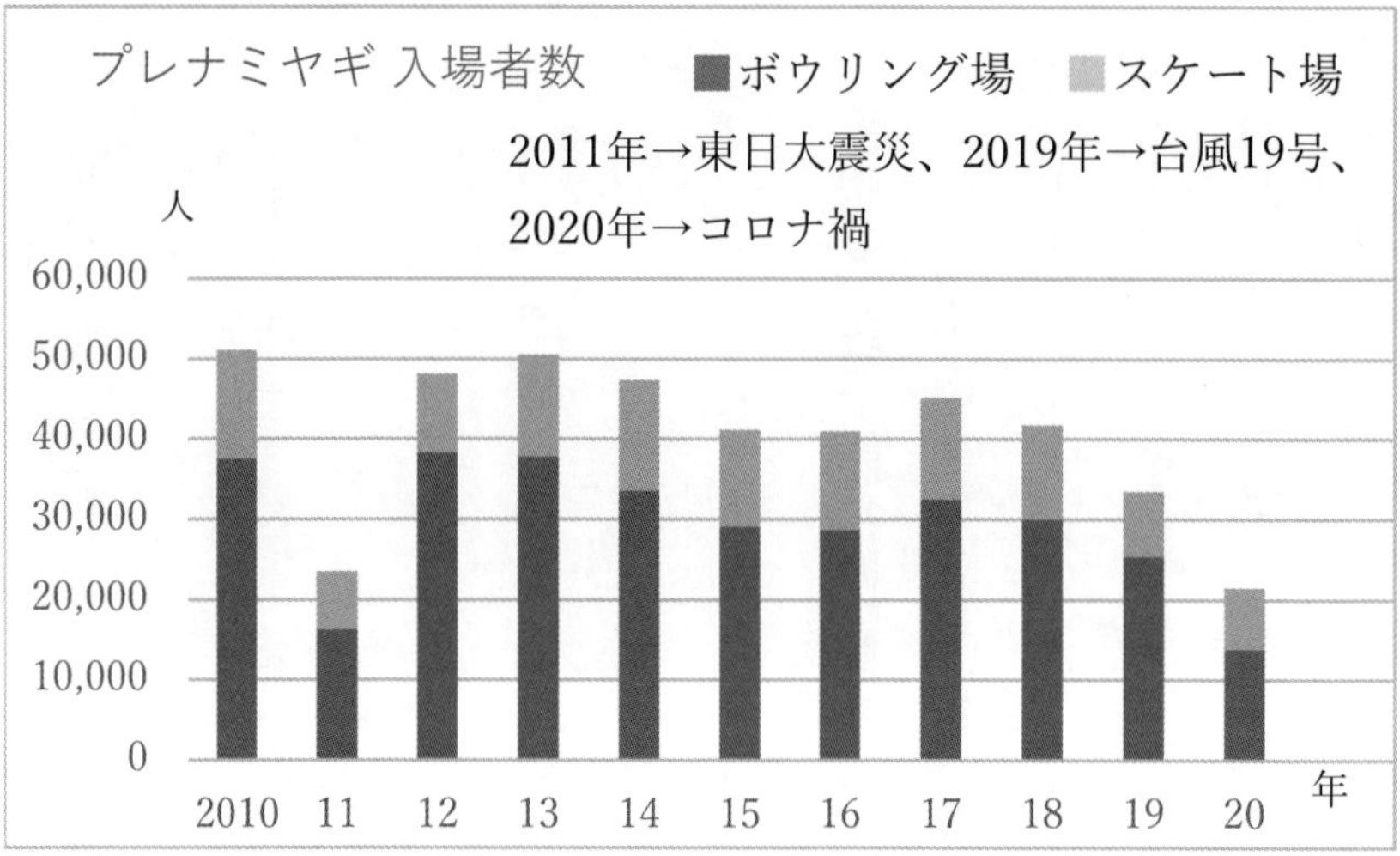

ボウリング場に限ってみても同様の傾向を示し、２０１１年は１万６１９５人と、前年の約40パーセントだったものの、翌年には震災前の２０１０年を上回る３万８２５１人に達し、その後も順調な経緯をたどった。台風とコロナ禍でさすがに再び減少したとはいえ、客足はまた戻りつつある。コロナ禍が収まれば、プロアマトーナメントの復活やプロによる指導会の充実などの構想を描いている。

プレナが試練に立たされた理由がもしも経営のまずさだとしたら、その責任は問われなければならない。しかし、すべて自然災害とコロナ禍が起因したものであり、しかも入場者数の極端な減少は見られない。

「スタッフが一丸となったあの震災時の大変さを思えば、どんな難局も乗り越えられる」と信じる高橋社長。「ボウリング場の経営は維持できる程度であれば十分。訪れる人たちにプレーを楽しんでもらうという社会貢献を果たすのが私の務め。それが少しでも石巻の賑わいを取り戻すことにつながればと願うだけ」。夢は決して大きいとはいえないが、古里愛は忘れずに抱き続ける。

都市間の格差も心配する。「仙台一極集中を避けるためにも、県内第2の都市からボウリング場を無くしてはならない」と強調。石巻への熱い思いは、会社を立ち上げた先代の芳助さんの背中を見ながら学んできたことなのだ。加えて、経営の面でも重要な助言者である妻で取締役の京子さんの存在も極めて大きい。妻が社長の手腕に大きく影響するといわれる中小企業の理想形といえる。

災害とコロナ禍という極めて困難な状況下であっても、シンプルで手堅い経営ぶりによって娯楽と健康スポーツ、競技スポーツの灯が街にともっているのである。プレナは市民にしっかりと根付いた存在になっているが、〈だからこそ、これからも市民のためにやるしかない〉と高橋社長夫妻の下、プレナと宮城開発の全スタッフが手を携え、強い思いで今も挑み続ける。

第６章　被災者とボウリング

プレナミヤギにはボウリングを若い頃以来、再び始めたり、長年にわたって続けたり、遠方から時間をかけて通ったりと、さまざまな人が、スポーツ、健康、レジャーなどさまざまな目的を持って訪れ、プレーを楽しんでいる。そうした中で、東日本大震災で被災したボウリング愛好者が多く見られるのが、最大の被災地・石巻市に立つボウリング場の大きな特徴である。

海に沈んだ故郷

快挙と感謝のニューボール

元建築業の高橋昌男さん（76）＝石巻市蛇田＝は2017年4月、プレナの健康ボウリング教室に1期生として入講した。それから4年余を経た2021年6月、同教室でのパーフェクト第1号を達成し、大勢の仲間から次々に「おめでとうコール」を受けた。プレナの高橋芳昭社長から快挙をたたえる記念品として、インテリア用の実物大ボウリングピンやTシャツなどが贈られると「ようやく実感が湧いた」と満面の笑みを浮かべた。さらには「これからもボウリング、頑張って！」と小学生の孫たちを含めた家族からは最新作の高級なボールをプレゼントされた。サプライズだった。ボウリングだけでなく、長年にわたり、建築業に励みながら家庭の大黒柱を担ってきたことへの感謝の気持ちでもあった。〈何よりうれしい。長生きしなければ〉とニューボールを手に、さらなる健康とスコアのアベレージ向上を目指す高橋さんだ。

受講の目的が健康のためとはいえ、従来からスポーツ好きで、パークゴルフも趣味の一つ。２年前までは、50歳から始めたスキーもシーズンに入ると日曜日ごとに興じた。ボウリングは若い頃に虜《とりこ》になったが、仕事の忙しさから長年、遠ざかっていた。それ故《ゆえ》「300点は夢のよう」と謙遜する。しかし、過去のハイスコアは254。健康ボウリングでますます腕に磨きがかかり、アベレージは190台と、サウスポーから繰り出すフックボールは、後期高齢者となる70代半ばを過ぎてから一層安定感が増した。「パーフェクトは出すべき人が出した」というのが周囲の一致した見方だ。

早く身を立てようと、中学を卒業するとすぐに隣町の建築業者の元で大工見習をした高橋さん。〈世の荒波に負けてたまるものか〉と、その後も東京と京都で必死になって研鑽《けんさん》を積んだ。1969年に帰郷し、2年後には独立。27歳の時だった。30代初めには2級建築士や職業訓練指導員、1級技能士などの資格を順々に取得し、5人の弟子を育てるなど、刻苦勉励《こっくべんれい》の人である。

住宅建築で棟梁《とうりょう》としての責任ある仕事はもちろん、設計、見積もり、管理もこなした。経験していないのは営業だけだった。というのは、周囲に腕利きとして知られていたことから、有難いことに次々と受注が舞い込み、営業の必要がなかったからだ。しかも、建築業の名称は普通なら「○○建築」とか「○○工務店」などとしてPRするが、敢えてそうはしないで「高昌築芸《たかしょうちくげい》」と名付けたのであった。「他とは違う印象を与えたかった」と、鍛えた腕にこだわりと自信を持って取り組んだ。築芸の文字通り「建築は芸術」を実践したといえる。

15歳から引退した72歳までの57年間、大工の道を歩み続けた。手元の小さなミスも許されない職人らしく、ボウリングでもいつも狙うレーンの板1枚やスパットに狂いが生じないような丁寧で繊細な投球を心掛ける。一方、「技術は自分で覚えろ」と親方から厳しく叩《たた》きこまれ、弟子にもそう叩きこんできたためだろう、仲間には自らの投げる姿で模範を示す。

姉夫婦や幼馴染の死に衝撃

高橋さんは海岸から5キロほど離れた所に住んでいたのが幸いし、東日本大震災での津波被害はなく、家庭を支える妻のちゑ子さん（75）をはじめ家族5人は全員無事だった。しかし、石巻市の沿岸北部に位置する古里の長面《ながつら》は建物が壊滅し、田んぼなど集落ごと海に沈んだ。新北上川を遡上した津波で児童と教職員合わせて84人が犠牲になるという、学校管理下で戦後最大の事故となった同市大川小学校の学区の一つでもある。

その長面では、地震発生から40分後に高さ10数メートルの津波が海と川の双方から襲来。松原海岸に延びる樹齢100年以上の松林をなぎ倒し、濁流は住宅、農地など存在するあらゆるものを一気にのみ込んだ。

住民の2割を超える108人もの尊い命が奪われた。〈兄と姉たちの家は大丈夫なのだろうか〉。同地域には高橋さんの長兄夫婦と2人の姉夫婦のきょうだい3家族が住んでいた。震災直後、通信網が遮断されたため、高橋さんの元には正確な情報がなかなか伝わってこなかった。現地にも行くことができず、焦りが増す状況下、不安な予感は当たってしまった。数日後、きょうだいのうち長姉・三條カチ子さん＝当時（83）＝夫婦が逃げ遅れて帰らぬ人となったことが分かったのだ。8人兄弟の末っ子の高橋さんは、兄や姉たちによく面倒を見てもらっただけに、「津波にのまれた」との知らせに大きな衝撃を受けた。現地に足を踏み入れることができたのは、震災発生から20日余が経過した4月初めであった。建物が瓦礫と化してしまったほか、辺り一面が水に覆われた古里の惨状に言葉を失った。

高橋さんは震災前日の2011年3月10日、長面の長兄宅を訪問していた。103歳で死去した母親・ミナさんの1周忌を済ませた後に、仏間を改装することにしていたためだ。「もしも1日早く震災が起きていたなら、自分も危なかった。〈昌男、仏壇を直してくれるなら、早く来てそうしろ〉と母親が守ってくれたのかも」。高橋さんがまだ1歳の時に夫を亡くしたミナさん。炭俵作りの内職や農家の田植えの手伝いなどをしながら女手一つで8人の子供を必死になって育てた母親と、津波で命を落とした姉夫婦の元気な時分の顔が一層浮かぶようになった。

震災直後、壊れた住宅の復旧依頼が相次いだ。高齢になってきたこともあり、震災前に廃業を考え、既に弟子も手放していたので、1人で対処せざるを得なかった。〈しんどい。やり切れるのだろうか〉。悩んだが、そこは生真面目で仕事熱心な高橋さんだ。〈お世話になった人たちへの恩義もある〉と、まずはかつて自分が手掛けた家の応急手当から始め、ついには数十件にも及ぶ家屋修理などの要請に応えたのである。

仕事で忙殺される毎日だったが、長面の壊滅した被災状況がいつも重くのしかかった。新北上川河口域の海と川と山が合わさる風光明媚《めいび》な大自然と、汽水域の静かな内水面・長面浦の豊富な魚介類が自慢の地域だった。それが津波で堤防が決壊したり、地盤沈下が起きたりして消滅。150軒ほどの住宅や青々とした田んぼも水没した。この10年間で大量の水を抜き取り、盛り土して整地。延々と続く巨大な防潮堤も建設した。「災害危険区域」に指定されているため、人は住めないが、移転地から通い、生業《なりわい》の復活に懸命に取り組む漁民らの姿が見られる。

高橋さんは車で30分ぐらいかけてその地を訪ねることがある。当時をしのぶ家々は跡形もない。今も大規模なインフラ工事が進められ、大型ダンプが土煙を上げながら往来している。土色だけの殺伐とした古里の風景に目を向けながら、昔の面影を探し求めようとする。夏は広い砂浜と透き通った海での海水浴、冬には氷が張った田んぼでの竹スケート遊び、小・中学校まで1時間も要した徒歩通学…。

幸い、山側にある菩提寺の墓地は残り、お盆とお彼岸には欠かさず墓参りしている。境内には「東日本大震災長面遺族会」が建立した慰霊碑があり、まだ1歳の児《こ》から98歳のお年寄りまでの震災横死者全員の名前が刻まれている。一緒に遊んだ幼馴

慰霊碑に刻まれた文字に触れ、犠牲者をしのぶ高橋昌男さん

染や隣近所の知人らの文字に指で触れる度に無限の感慨を覚え、当時の懐かしい出来事が脳裏をかすめていく。

ボウリングでパーフェクトを達成して1週間後、同じ健康教室のグループでプレーする仲間全員に、おしゃれなデザインのメッセージカードと記念のお菓子を御礼に贈った。メッセージの最後には「これからも末永く皆様と一緒に健康で楽しくボウリングをしていきたいと思いますので、どうぞよろしくお願い致します」とつづった。10代半ばから厳しい修業に耐えながら技術を習得、現場で采配を振るってきた。そして60代半ばに遭遇した震災により身内を失うという幾つもの辛い場面を乗り越えてきた人は、他の人への気配りを決して忘れない。

横浜と結ぶ　うんめぇもん市

夫妻で旺盛な探求心実る

景勝地・牡鹿半島の付け根に位置し、石巻市と女川町にまたがる万石浦《まんごくうら》。外海から分離された海跡湖で、周囲の長さ16キロ、面積は7・4平方キロ。ノリやカキの養殖が盛んなほか、潮干狩りの名所としても知られる観光地だ。その万石浦西側沿岸の石巻市渡波に住む元海産物店店主・玉井通さん（79）と妻のみえ子さん（76）は、プレナで共にボウリングに励む。初心者同様であった2人だが、その後の熱心な練習と旺盛な探求心が実り、今では200点を超えることが珍しくない、文字通り、競技志向のシニアボウラーに成長した。東日本大震災による苦労を重ね、乗り越えてきたからこそ、共通の趣味として楽しめるまでになった。

震災で万石浦は、石巻湾の外洋につながる地点の間口が狭く、奥が深くて広い地形が幸いし、大津波が押し寄せることはなかった。それでも養殖棚が流されたり、地盤沈下も加わったことによりカキ処理場の建物や生産機材が損壊したりするなど、水産業に打撃を受けた。浸水した家屋も多数見られた。玉井さん宅は1階が床上浸水で全壊。避難した中学校と別居する娘の家から毎日通い、畳上げや家具類などの片付け、家屋の修理に明け暮れた。

海産物店は父親の代から約60年続く無店舗型の出張販売方式。主に大勢の人が集まる仙台市内の公的機関や民間企業と契約をして、建物内に売り場スペースを確保し営業を続けてきた。震災当日も通さんが泉区役所、みえ子さんがＮＴＴ東日本東北（若林区）において大地震に遭遇。その後、通さんは車でみえ子さんのいる場所まで迎えに行った。しかし、大渋滞に巻き込まれ、なかなかたどり着けず、焦る気持ちを落ち着かせた。数時間かけてようやっと合流し、暗闇の中を不安に駆られながら車を走らせ、何とかその日のうちに石巻に着くことができたのだ。

隣町に住む妹が津波にのまれた。その後も身近な人が犠牲になったことを次々に知らされる度に目の前が真っ暗になった。避難生活は1カ月に及んだ。商品の仕入れ先も被災して全く身動きが取れない落ち込む日々だ。〈これ以上、商いを続けるのは難しいだろう〉。一度は断念しかけたが、長年にわたり親子で、そして夫妻で販路の開拓と売り上げの向上に身を粉に働いてきた過去がよみがえった。当時、通さん68歳。明確な目標を立てた。「前を向かなきゃ。75歳までは頑張ろう」と。長年、支えてもらっているみえ子さんの同意も得た。仕事で培われた確固たる信念は失われていなかったのである。

その年、大きな転機となる出来事が待ち受けていた。若者の自立支援を手掛ける民間団体「K2インターナショナルグループ」（横浜市磯子区）との交流が事の始まりだった。同グループ系列のNPO法人元職員の女性が震災時、出身地の石巻の避難所にいることを知り、安否を気遣う法人の若者らが駆け付けた。無事を確認した後もそのまま石巻に残り、炊き出しや瓦礫処理に取り組んだ。また、キッチンカーで仮設住宅を巡回し、酒類やたこ焼きを安価で販売する「移動居酒屋」にて接客し、被災者から「久しぶりに外出して、温かいものを食べられた」と喜ばれた。

活動拠点として、玉井さん宅の近くにある空き家を買い上げた。派遣されて来たメンバーは、不登校や引きこもりをはじめ、都会で生きづらさ感じる人たちだった。だが日を重ねるごとに石巻では自分を出し、生きがいを感じるようになったことから、法人では長期滞在のプログラムを組んだ。震災の復旧作業だけでなく、地元企業での労働体験を通じ、人との関わりを学び始めた。さらには、お茶飲み会に参加したり、側溝のふた上げの手伝いをしたりするなど住民との親睦を深めた。若者が少なくなっている地域にとって心強い存在になったのだ。

復興関連のボランティア活動が次第に少なくなり、落ち着いてきた頃、同グループの金森克雄代表から今後の支援について相談を受けた通さんは「地元の特産物を横浜で売ってもらえば、販売先が途絶えて困っている業者は助かるのではないか」と提案。それが1カ月もたたないうちに実現した。スピード感ある対応に驚くとともに、〈希望の灯が見えてきた〉と意を強くした。震災が発生してから8カ月後の2011年11月のことである。

早速、夫妻で石巻市内はもちろんのこと、市外にも足を延ばし、海産物をはじめ、お菓子やラーメン、味噌《みそ》・醤油《しょうゆ》類など宮城の産品を仕入れてK2へ送った。できるだけ品物は毎回、替えるように心掛け、最終的にはK2が陳列品を選択。利益は折半と定めた。

販売会は「うんめぇもん市」と名付けられ、横浜市役所本庁舎を中心に各区役所や地区の祭り会場など人の集まりやすい所を選んで開催した。主催したK2は、若者らの社会復帰事業で行政の手の届かないところを推進しているため、従来から横浜市とのつながりが強い。そのこともあって、同市がうんめぇもん市を全面的に支援しており、いつも賑わいを見せた。

販売役の支援団体に感謝

市役所での販売会には昼休み中の市職員と市民らが大勢集う。特に缶詰や弁当など海産物を使った品が飛ぶように売れた。市民の間で認知度が高まり、月に平均10数回開いてきた。コロナ禍で回数は大幅に減少したが、それでも2021年までの10年余の間に約1200回を数え、今も続いている。コロ

うんめぇもん市で特産品を販売する
玉井通さん、みえ子さん夫妻
＝2014年3月　横浜市役所

ナ禍の前には夫妻で会場を訪れ、直接販売することも度々あった。

石巻の窓口を担う通さんは、うんめぇもん市が人気を呼ぶ事態を仙台での出張販売の経験から、ある程度予想していた。

「被災地支援ということもあるが、人口規模の大きい都市ほどマーケットが広がるので売れる。それが経済の原則。しかも個々の商品の金額が小さくても、一堂に会すれば大きくなる」と分析。そのうえで「石巻の復興の一助になっている。私も廃業しないで済んだ」とK2と横浜市の厚意に謝意を示す。

〈夫は商売が上手だ〉。みえ子さんは結婚前に法律関係の出版社で外回りの仕事に就き、収入を得る大変さを身をもって感じている。故に震災後、〈これも一つの投資だから〉と自らを鼓舞しながら、出荷用の品物集めに奔走する通さんを改めて評価した。

本業である仙台での出張販売は、震災前のようにうまくいかなくなってきたこともあり、目標を1年前倒しして74歳で引退し、うんめぇもん市に専念する決意をした。タイミング良く、時間的に余裕ができたその年にボウリングと出合った。2017年3月、健康ボウリング教室の受講生を募集する新聞チラシをたまたま目にしたみえ子さんが通さんを誘って参加。継続的にボウリングを行うのは初めてであり、「あくまでも健康維持が目的」と控えめに話す。

しかし、パーフェクトを何度も出しているボウリング愛好者のみえ子さんの兄からボールを譲り受けたり、ストライク・スペアの取り方を図で表した1枚の紙に目を凝らしながら1球1球投球したりするほど熱の入れようだ。そのために上達が早く、高得点を目指す「夫婦《めおと》ボウラー」として名高い。

高校まで通さんは柔道部、みえ子さんは体操部に所属していた。その体力と持ち前の根性を備えているだけあって、2人とも高齢者とはとても思えないダイナミックな投球スタイルが特長。加えて、みえ子さんはしなやかさも見せる。プロチャレンジで隣のレーンで見ていた寺下智香プロがプレーを中断し、思わず「力強さと柔らかさがあり、若々しい」と声援を送るほどだった。トッププロに褒《ほ》められたのだから、うれしいことこの上ないであろう。

ボウリング仲間との交流も楽しみの一つだ。それまで知らなかった人とも気軽にプレー談議ができる。ボウリング場を離れても、仲間の一人が所有する山でタケノコ狩りをしたり、コロナ禍以前には忘年会や茶話会を開いたりした。趣味を通した付き合いは、垣根のない格別なものがあるからだろうか、いつもみんなで盛り上がる。

タケノコ狩りをした山で通さんは、K2のスタッフから教わった養蜂にも挑戦するようになったのだ。みえ子さんは裁縫と料理が得意である。ボウリング仲間にマスクや布製のボウリング入れをプレゼントしたり、お菓子を振る舞ったりする。いずれも手作りなのだ。まさにクラブの潤滑油となっている。

今でも石巻にはK2のスタッフと塾生ら15人前後が常に滞在している。その中には石巻に住民票を移し、地元の会社などで働いているほか、K2のスタッフに昇格した若者も見られる。さらに、うんめぇもん市を担当する株式会社を石巻につくり、被災地に税金を納める仕組みも整えている。石巻を原動力の場とし、自立就労と震災復興の好循環を誕生させたのだ。

震災から10年を経、撤退していく支援団体が多い中、変わらない活動を続けるK2に通さんは「大変ありがたいこと。助けられた業者も多い。私も元気でいる限り頑張りたい」と語り、いずれは地元産品を仕入れるノウハウをK２に伝えて任せたい意向だ。元気でいる間、頑張るのは、ボウリングも同じである。

養殖業断念も前を向く

〈ボウリングは生活の一部になっている〉。石巻市の北東部に隣接し、リアス式海岸特有の豊かな景観を有する宮城県南三陸町から車で１時間以上かけてプレナに通い、プレーに打ち込む「海の男」がいる。その人は元養殖業で、現在は遊漁船（釣り船）を営む小山勇人さん（62）。豊富な練習量が実を結び、第１回石巻プレナミヤギ プロアマトーナメントの前日祭やプロチャレンジなど幾つかの大会で優勝を成し遂げている実力者だ。東日本大震災で生業を失い、人生の転換を余儀なくされた人でもある。辛い出来事を背負いながらも、趣味を生かし、前向きに生きる姿を見せる。

販路失い遊漁船にカジ切る

南三陸町も石巻市と同様に、水産業が盛んな典型的な三陸地方のまちである。しかし、小山さんが中学生の時分に憧れた仕事は漁船員ではなく、大型貨物船の船員だった。「世界の海を渡る商船について学べる学校に入りたい」と懇願された父親は、息子に漁船での仕事を望んでいただけに、当初はなかなか頭を縦に振らなかったが、最後は粘りに押し切られた。県境を越えた岩手県宮古水産高校を経て海技大学校（兵庫県芦屋市）の門をくぐった。同校は独立行政法人海技教育機構が運営する、海技資格を取得するための2年間の船員教育機関だ。

卒業後、願いがかないタンカーに乗船。中東・ペルシャ湾から原油を運んだほか、コンテナ船で韓国・釜山やロシア・ウラジオストクなど日本国内と世界各国を往来。資格を生かし操船や荷役、係留など数多くの作業を担った。充実した生活を送る日々であったが、商船に乗ってから10年ほどたった30歳の時、家業の将来が心配になってきた。〈父は年を重ね、1人で重労働は大変かもしれない〉。考えた揚げ句、結婚を機に思い切って商船を降り、家の仕事である養殖業の道を歩むことを決断。後継者として古里の浜で再スタートを切った。それから25年後にまた予期せぬ大きな決断に迫られることになる。

鋸《のこぎり》の歯のように狭い湾が複雑に連なる三陸地方の海岸線は、津波の歴史を持つ。明治の三陸大津波（1896年）、昭和の三陸大津波（1933年）、チリ地震津波（1960年）等々。その度に大きな被害を繰り返してきた。東日本大震災で南三陸町は最大津波高が23・9メートルにも達し、犠牲者は全人口の約5パーセントに当たる830人台に上った。町役場や消防署、警察署、公立病院などの公共機関も軒並み被災し、行政機能がストップした。

小山さん宅は中心部の街並みから離れた沿岸の集落に立つ。津波は辛うじて2軒先の家の前で止まり、妻と父親ら家族は皆無事であった。〈先祖に感謝しなければいけない〉。というのも、明治の大津波を教訓に、家屋を海から離れた高い場所に移転していたのが幸いしたのだ。それでもこの地域では、全戸数の半分の42戸が流され、5人が帰らぬ人となった。また、気仙沼市に住む妹の義母が遺体で見つかり、義父はいまだに行方が分からない。その年の秋には、身近な人の葬儀が3日間連続してあり、「さすがに辛かった」と心身ともに強い男は周囲に弱音を吐いた。

非情な仕打ちは生業にも及んだ。地域では大半が沿岸漁業に従事している。特にワカメやホヤ、ホタテ、ギンザケなどの養殖に携わる人が多い。それが全滅したのだから浜は大打撃である。小山さんは所有する1トンと0・5トンの船外機付き小型漁船2隻も損壊し、窮地に追い込まれた。しかし、〈海に育てられてきたので、海に生きるしかない〉と持ち前の胆力で、貨物船を降りて父の跡を継いだ養殖業の再起を誓う。0・5トンの船は近くの漁港で見つけて修理したほか、主流となる1トンの船は国の補助金（6分の5）を利用して新たに造った。

水揚げは徐々に復旧し、明るい兆しが見えたものの、一方で販路を失う苦境に陥った。とりわけ、大きなシェアを占めていた韓国からの引き合いが全く途絶えてしまった。東京電力福島第1原子力発電所の事故による風評被害が重くのしかかったのだ。生活を補うだけの同電力からの補償も期待が持てない厳しい状況が依然続いた。

そうした中、小山さんは重い物を持つ漁業者に多く見られる腰痛が悪化。さらに後継者がいないこともあって、熟慮の末に決めたのが養殖業の断念であった。「断腸の思いだ。だが、海の仕事から全く離れるわけにはいかない」と家族とも相談し、養殖業と併せて長年経営してきた遊漁船だけは残すことを決意。震災から4年。養殖業を決意してから25年が経過していた。

地域全体でも、震災に高齢化が加わり、養殖に従事する人は震災前の3分の2程度に減少。それでも若者たちを中心に養殖ギンザケの生産に力を入れ、希望を見いだしている。

遊漁船で小山勇人さん自らが釣ったイシガレイ。体長 71 センチ、重さ4キロの大物だった＝2020 年 11月、宮城県志津川湾

生活の中心となった遊漁船は、釣りが大好きだった小山さん自らが始めた。小学校の恩師に「釣り船の免許を取って、乗せてくれ」

とお願いされたのがきっかけだ。0・5トンの修理船は漁業権のあるアワビとウニの開口時の季節限定で使い、7人まで乗船可能な1トンの新造船を釣りに活用している。客は常連が主で、特に小山さんが地元の防犯協会の役員だったことから、警察官の現役、OBが多く、県内外の各地から駆け付けて乗船。そのお得意さんたちに、志津川湾でカレイをメーンにアイナメ、ヒラメ、ナメタなどを釣る醍醐味を満喫してもらい、釣果を競い合ってもらっている。遊漁船以外にも、空いている時間には高齢者世帯の家の樹木を剪定《せんてい》したりするなどのアルバイトをして、家計を補う。

49キロの道通い豪球体得

震災直前の頃の50代を迎えようとしていた時だった。「家族のためにも自分のためにも、もっと体のことを考えないといけない」―その強い意志が本格的に始めるボウリングへとつながっていく。たまたま知人からの誘いもあって、仕事を終えた後の時間を利用して、プレナより近い距離にある「気仙沼さくらボウル」に通いだした。ボウリングを行うのは10数年ぶりのこと。

当時の生活サイクルというと、大体は午後7時までに就寝し、午前2時から漁獲作業、同8時までに水揚げした水産物を地元漁協に出荷すれば、その日の仕事は終了。いったん休息を取り、午後1時から3時間ぐらいボウリングの練習時間に割き、夜間に大会やリーグ戦があるとそれにも出場。平均すると週6日通うほど、のめり込んだ。

プレナと同様に、さくらボウルも東日本大震災の津波で被災。沿岸部から内陸部に移転して再開する2015年3月までの4年間、休業状態を強いられた。「何があってもボウリングは続けたい」と、この間、既に再開していたプレナに仲間と一緒に足を運んだ。今ではプレナが本拠地のような存在になっている。

片道49キロもある国道を業務用の軽トラックで通う。「ガソリン代を抑えるために高速道路を避けているが、それでも、その代金がプレー代よりかかることもある」と苦笑する。養殖業を引退したことで時間的に余裕ができたため、遠距離であっても、週に2日か3日練習しているほか、1つのリーグ戦に参加。しかし、あくまでも生活の基盤は遊漁船であり、営業しない日を選んで日程を組み、プレーに興じる。

知り合ったばかりのボウリング仲間にも気軽に声掛けし、これまでの経験と実績を基に的確なアドバイスを送る。「ストライクの爽快感がたまらない。でも一番は友達ができて健康も保てることかな」と、日焼けした顔をほころばせながら、ボウリングの虜《とりこ》になった訳を語る。２年前からは片手投げと併せ、「スピードと回転率が高まるから」と両手投げにも挑戦し、すっかり身に付けた。ボウリングを行う前には途中、石巻市内の屋外運動場に寄り、ランニングで汗を流して準備を整える。ガッチリした体躯《たいく》から繰り出す豪快な投球の陰には、不断の努力があった。

社会貢献事業にも率先して加わっている。一般社団法人「さくらプロジェクト３・11」（千葉県市川市）は「東日本大震災による多くの被災者を悼み、被災の記憶を忘れないために」と、岩手、宮城、福島３県の被災地に、震災のあった２０１１年から２０１７年までの間に合計４６００本の桜の苗木を植樹した。この間、南三陸町でも植樹の適地とされた、小山さんが住む地域を中心に町内各所に５４０本が植えられた。今では高さ５メートル前後の木に成長。春にはきれいに花を咲かせ、住民の心を和ませている。ずっと同事業に関わってきた小山さんは「復興のシンボルとしても後世に残していかなければ」と今後も桜守として、大事に育てていく考えだ。

小山さんは今でも震災の夢を見ることがある。「なぜか闇夜に養殖に精を出している」「沖に流されていく船を別の船で必死に追いかけていく」「いつの間にか家並みが消えてしまった」…。

頭から離れないのだ。遊漁船は「ＪＦ（漁協）昭福丸」、開口用が「第５昭福丸」で、震災前から変わらない船名だ。父・昭三さんの名前から取った。震災後に亡くなった昭三さんは、ボウリングを楽しみ、震災伝承のために桜を育成したり、遊漁船を操ったりする息子を天から見守っていることだろう。

あとがき

２０１７年４月、私もプレナミヤギの健康ボウリング教室に入講した。文字通り、健康目的はもちろんのことだが、共通の趣味を持とうと妻と今も通っている。ボウリングの流行期と青春時代が重なっている「ボウリング世代」だけに、同教室に抵抗感がなかったことも始めた理由に挙げられる。

講座の前半に、講師役のスタッフからエントランスに展示していた錆《さび》だらけの大きなピンスポッターの説明を受けた。東日本大震災の大津波により損壊し、使用が不可能になった一台という。悲惨な震災を伝承するために、目に付きやすい場所に置いていたのだ。そこで改めてボウリング場の被害の大きさと、再生に向けた多難な道を知った。その実情をより多くの人たちに分かってもらえることでボウリングの発展に少しでも寄与できればと願い、本書の出版に至った。

建物内が全壊したプレナは、被災から7カ月後にスピード再開を果たした。その後も台風による冠水被害や、新型コロナウイルス感染症拡大の影響をまともに受けながらも営業を続けている。「企業だから当たり前じゃないの」と簡単に受け止められがちだが、そうではない。全国的なボウリング場の減少に震災が拍車を掛け、業界にとって極めて厳しさを増す状況の中でプレナは努力を重ね、必死にこらえていたのだ。大勢の利用客が見込める大都会でもなく、県庁所在地の中心都市でもない地方のまちの施設がなぜそこまでできるのだろうかと、大いなる疑問が湧いてきた。

関係者に取材を進めるうちに、その謎が解けてきた。まず分かったことは、高橋芳昭社長の市民愛の深さだった。市民優先を第一義に、ボウリング場で大きな儲けを得ようとはせず、規模に見合った経営を目指していたことだ。市民に憩いの場を提供するという公共的な意識があることに心を打たれた。特に震災以降、被災地のボウリング場としてその傾向が強くなっている。本書の最終編「被災者とボウリング」で紹介した3組の愛好者のほかにも、震災により、かけがえのない人や住まいを失った被災者が何人もいる。プレナはそうした人たちの安らぎの場にもなっていたのだ。

「損得なしであれば良し」という考え方は、親会社が存在するから可能なのかもしれないが、収益の向上を命題とする企業が市民優先を実践する経営はそう簡単でないはずである。一時期、私も会社役員を務めていた経験があるだけに、その苦労は理解しているつもりである。

高橋社長の基本理念が浸透し、自然と市民の足がボウリング場へ向く要因になっているのかもしれない。だからこそ、逆境に立たされながらも負けずに踏ん張れるのだろう。

よくボウリングは競技性のスポーツなのか、それとも遊技性のレジャーなのかと議論される。高齢社会に入ってからは健康維持の役割も担う。都市の規模や施設の規模によって目的も違ってくるだろうが、特に小さなまちでは全ての要素を取り入れて対応しないと成り立たない。プレナはその辺も心得て、しっかりと存続につなげていた。

最後にボウリングに対する私見を述べて筆を置く。それはボウリングの普及に直結する大会報道についてである。プロが参加するボウリング大会に関しての映像は専門チャンネルやユーチューブが主体で、愛好者以外の人の目に触れることは極めて少ない。スポンサーが大きく左右するテレビ放送は、ブームだった昔と違い難しいことは十分承知している。しかし、新聞なら可能な気がする。新聞社主催の大会は掲載しているのかもしれないが、私は近年、国体などアマチュアの大会を除き一般紙で扱われた記事は全く見たことがない。せめて歴史と伝統ある大会はその都度、結果だけでもいいから知らせてほしいものだ。さらには、時流に乗って、ネットニュースを活用して発信できないものなのだろうかと常々思っている。

普及は底辺の拡大につながり、ひいては念願のオリンピック競技への採用、プロの世界大会開催など夢の実現の下地となろう。ボウリング、マスコミ両業界の積極的な対応に期待したい。

ボウリングは単なる遊びと軽く捉えられがちであるが、決してそうではない。その時々のレーンコンディションの変化をつかんだ投球術が問われる、奥深いスポーツでもあることを改めて知らされた。その意味でも、ボウリングの楽しさをもっともっと多くの人々に届ける方策を考えないといけない。取材と健康ボウリング教室を通じてそう感じた。

本書の出版に当たっては、プレナの高橋芳昭社長やスタッフの皆さん、日本ボウリング場協会の中里則彦会長、タレントのマギー審司さん、女子プロボウラーの渡辺けあきさん、吉田真由美さん、そして被災された地元のボウリング愛好者をはじめ大勢の人々に、多忙にもかかわらず協力していただいた。深く感謝したい。また、編集・制作でお世話になった「本の森」代表取締役の大内悦男氏に厚く御礼を申し上げる。

2022年2月

鈴木　孝也

（登場人物の肩書きや年齢、新型コロナウイルス感染症拡大の状況などは取材時。また、文中の「新北上川」は、国土交通省の表記基準では「北上川」と記すのが正しいが、明治から昭和の時代にかけて実施された北上川改修事業によって使われるようになった「旧北上川」と比較するために、あえて「新」を付けた）

著者プロフィール

鈴木 孝也（すずき・こうや）
地域ジャーナリスト
1949年、宮城県登米市生まれ。三陸河北新報社報道部長・編集総務などを経て、ラジオ石巻（石巻コミュニティ放送）専務取締役・取締相談役。2015年に退任後、主に東日本大震災関連の執筆活動を続ける。
著書に「ラジオがつないだ命 FM石巻と東日本大震災」（河北新報出版センター）、「牡鹿半島は今 被災の浜、再興へ」（同）、「支援紡ぐ道の駅～震災から再生へ 宮城6駅の挑戦～」（三陸河北新報社）、「マーチよ響け！消防音楽隊 石巻『涙の復活』 神戸『震災伝承』」（近代消防社）、「不戦の誓い この地方から－石巻戦禍記録選－」（三陸河北新報社）、「イナイリュウはいずこへ 謎の追跡―闇と光の80年―」（仙台共同印刷）など。

踏ん張るボウリング場 ―プレナ魂 被災地・石巻に希望の灯―

2022年3月3日 初版発行

著　者 鈴木 孝也
発行者 大内 悦男
発行所 本の森
984-0051 仙台市若林区新寺1丁目5-26-305
電話＆ファクス 022(293)1303
Email forest1526@nifty.com
URL http://honnomori-sendai.cool.coocan.jp

印　刷 共生福祉会 萩の郷福祉工場

ISBN978-4-910399-06-5